W0306675

Beter méér dan één...

Beter méér dan één...

de Bijbel in het Nederlands

onder redactie van
Philippe van Heusden
F.J. Hoogewoud
Kees Verdegaal

KBS

Beter méér dan één...
de Bijbel in het Nederlands

KBS Uitgeverij, 's-Hertogenbosch/Mechelen
(onderdeel van de Katholieke Bijbelstichting)
www.bijbel.net
www.reliboek.eu

Redactie Philippe van Heusden, F.J. Hoogewoud en Kees Verdegaal
Tekstredactie Albert Kamp
Grafische vormgeving Impact Reclame & Vormgeving b.v.
Druk Van der Perk b.v.
Illustratie omslag Lika Tov
Hebreeuwse bijbelteksten Prediker Stuttgart Electronic Study Bibel (SESB)

1e druk, 2009

ISBN 978 90 6173 152 8
NUR 703

Inhoudsopgave

Voorwoord 7

De Bijbel vertaald

Een geest van vernieuwing en verandering 11
Bijbelvertalingen in Nederland vanaf 1945
Anne Jaap van den Berg

De redactor in de vertaling 25
Karel Deurloo

Naar de letter vertalen om de geest op te roepen 33
'Een vertaling om voor te lezen' van de Societas Hebraica Amstelodamensis
F.J. Hoogewoud & Dries Blokker

De heks die geen heks was 51
Genderaspecten bij het vertalen van de Bijbel
Willien van Wieringen

Namen, ook vermoeiend 63
Henk Heikens

De Bijbel voorgelezen

'Ook heeft hij de mens inzicht in de tijd gegeven' 77
Schriftlezing in de joodse liturgie
Dineke Houtman

De Bijbel vertaald en voorgelezen 87
Het rooms-katholieke Lectionarium veertig jaar in dienst
Leo van den Bogaard

Geordend bijbellezen in kerkelijk Nederland 99
Het oecumenisch leesrooster, van 1977 tot heden
Roel A. Bosch

Gods Eerste Woord 111
Een pleidooi voor een zorgvuldige omgang met het Oude Testament in het rooms-katholieke leesrooster
Hein Jan van Ogtrop

De Bijbel toegelicht

Van Historiebijbel tot Professorenbijbel 123
Inleidingen en aantekeningen in rooms-katholieke bijbelvertalingen van 1300-1900
Paul Kevers

Van Statenvertaling tot Nieuwe Vertaling 137
Inleidingen en aantekeningen in protestants-christelijke bijbelvertalingen
Kees Verdegaal

Katholieke bijbellezers tussen emancipatie en secularisatie 147
Annotaties en commentaren in de Petrus Canisiusbijbel 1948 en de Willibrordvertalingen 1978 en 1995
Patrick Chatelion Counet

Als de tekst niet voor zich spreekt... 159
Noten, aantekeningen en andere toevoegingen in De Nieuwe Bijbelvertaling
Peter Booij

Prediker/ קהלת verbeeld 171
Lika Tov

Historisch overzicht van bijbelvertalingen in het Nederlands van de middeleeuwen tot heden 189

Voorwoord

De afgelopen decennia is het Nederlandse taalgebied verrijkt met een ongekende diversiteit aan bijbeluitgaven. Niet alleen zagen meerdere vertalingen van de gehele Bijbel het licht, maar ook verschenen er allerlei (deel)vertalingen naar vertaalmethode of streektaal. Miljoenen exemplaren hiervan hebben hun weg gevonden naar het publiek.

Onder de titel *Beter méér dan één* – geïnspireerd op Prediker 4:9 – gaat deze bundel in op de oorsprong en ontwikkeling van *de Bijbel in het Nederlands.* De verschillende artikelen laten zien dat geen vertaling of vertaalmethode het alleenrecht heeft of het laatste woord. Het naast elkaar bestaan van een veelvoud aan Nederlandse bijbelvertalingen, en het brede gebruik ervan in onderscheiden geloofsgemeenschappen (en ook daarbuiten), blijkt een grote rijkdom te zijn.

De bundel is opgebouwd uit drie afdelingen. 'De Bijbel vertaald' biedt een overzicht van Nederlandse bijbelvertalingen vanaf 1945 en behandelt diverse aspecten die bij het vertalen van de Bijbel een rol spelen. 'De Bijbel voorgelezen' belicht de omgang met de Bijbel in de liturgie van joden en christenen, waaronder het gebruik van leesroosters. 'De Bijbel toegelicht' gaat in op de oorsprong en functie van inleidingen en aantekeningen in Nederlandse bijbelvertalingen. Een kunstzinnige verbeelding bij het bijbelboek Prediker door Lika Tov sluit als een bijzondere vorm van toelichting deze bundel af.

Het eerste exemplaar van *Beter méér dan één* is op 5 oktober 2009 aangeboden aan Drs. Leo van den Bogaard, bij gelegenheid van zijn afscheid van de Katholieke Bijbelstichting. Van 1977 tot en met 2009 is hij als bijbelwetenschapper en redacteur actief betrokken geweest bij diverse bijbeluitgaven die in deze bundel ter sprake komen. Met dit boek eren wij Leo en alle anderen die in de afgelopen decennia hebben bijgedragen aan *de Bijbel in het Nederlands.*

De redactie

De Bijbel vertaald

Een geest van vernieuwing en verandering

Bijbelvertalingen in Nederland vanaf 1945

Anne Jaap van den Berg

Voorgeschiedenis

In het begin van de twintigste eeuw kenden de verschillende geloofsgemeenschappen in Nederland ieder hun eigen bijbelvertaling, die alle teruggingen op de zestiende- en zeventiende eeuw. Zo was bij de protestanten de uit 1637 daterende Statenvertaling nog steeds de meest gebruikte bijbel. Toch was het al in de negentiende eeuw volstrekt duidelijk geworden dat deze bijbelvertaling niet meer voldeed. De kerkelijke situatie in de negentiende eeuw maakte het echter onwaarschijnlijk dat een nieuwe vertaling breed geaccepteerd zou worden. Binnen de Hervormde Kerk was sprake van verschillende 'richtingen'. Aan de ene kant stonden de rechtzinnigen die onverkort vasthielden aan een strikte handhaving van de belijdenisschriften en trouw bleven aan de Statenvertaling. De uitkomsten van de moderne bijbelwetenschap werden door hen afgewezen. Aan de uiterste andere kant vinden we de modernen die uitgingen van de autonomie van de menselijke geest en de Bijbel niet erkenden als onfeilbaar woord van God. Deze moderne stroming kreeg na 1850 grote invloed binnen kerk en theologie. Door de orthodoxie werden hun opvattingen beschouwd als ketterij.

In dit klimaat van pluriformiteit bevond de Hervormde Kerk zich in de negentiende eeuw, waarin ook de eerste kerkscheuringen – Afscheiding en Doleantie – plaatsvonden. Vanaf het eind van de achttiende en in het begin van de negentiende eeuw werden geheel nieuwe vertalingen uitgebracht, die echter geen van alle breed gedragen werden. Een bekend voorbeeld is de Leidse Vertaling, die gemaakt was door in Leiden opgeleide of daar werkzame theologen. De vertaalcommissie stond onder leiding van de Leidse hoogleraar A. Kuenen, een van de meest vooraanstaande Europese oudtestamentici van zijn tijd en voorman van de moderne richting. In 1912 is uiteindelijk de gehele Leidse Vertaling verschenen. Voor het eerst werd er volledig afstand genomen van de Statenvertaling. Die vertaling was gebaseerd op een tekstuitgave die naar hun oordeel niet adequaat was, waardoor zij op veel plaatsen onduidelijk en soms zelfs onzinnig was. Ook waren de vertalers van de Statenbijbel geheel onbekend met de oorsprong van de boeken die zij vertaalden, ze hadden weinig 'hart voor de historische beteekenis dier geschriften, daar zij overal in het Oude Testament hoofdzakelijk Christus en zijne leer zochten, die zij er door middel van de zoogenaamde allegorische en symbolische tekstverklaringen in wisten te vinden'. Daarom waren ook de meeste aantekeningen niet meer bruikbaar. Bovendien was het Nederlands dermate verouderd dat veel teksten eenvoudigweg niet meer begrepen werden. De vertalers streefden niet alleen naar een begrijpelijke en leesbare vertaling, maar bovenal naar een die zou voldoen aan de eisen van de moderne kritische bijbelwetenschap. In beide opzichten was deze vertaling geslaagd. Taalkundig was zij modern en werd zij gekenmerkt door homogeniteit, duidelijkheid en eenvoud; zij riep geen associaties op met de Statenvertaling. Het was een vertaling met een geheel eigen gezicht. In de uitvoerige aantekeningen werd zeer duidelijk gebruikgemaakt van de resultaten van het historisch-kritisch onderzoek dat toen tot bloei was gekomen. Het is niet verwonderlijk dat deze vertaling, die bekend geworden is als Leidse Vertaling vooral ingang vond in vrijzinnige kring. Als kerkbijbel is zij gebruikt door de Nederlandse Protestantenbond. Haar karakter en de grote afstand tot de Statenvertaling stonden aanvaarding in andere kringen in de weg. Door rechtzinnigen en rooms-katholieken werd zij uiteraard volledig afgewezen. Ondanks aanvaarding in beperkte kring heeft de Leidse vertaling wel bijgedragen aan een in steeds bredere kringen groeiend besef dat de Statenvertaling écht vervangen moest worden. Ondanks aanvaarding in beperkte kring heeft de Leidse vertaling wel bijgedragen aan een in steeds bredere kringen groeiend besef dat de Statenvertaling écht vervangen moest worden.

De rooms-katholieken maakten gebruik van een bijbelvertaling uit 1599, die terugging op de Leuvense Bijbel uit 1548. Deze bijbel was door de Leuvense kannunik Nicolaas van Winghe uit de Vulgata vervaardigd, en in 1599 werd hij aan de hand van de op het concilie van Trente herziene Vulgaattekst daaraan aangepast en naar de naam van de drukker Jan Moerentorf is hij de geschiedenis ingegaan als Moerentorfbijbel. Deze bijbel had bij rooms-katholieken een vergelijkbare plaats als de Statenbijbel bij de protestanten. Hij is tot ver in negentiende eeuw in gebruik geweest. Ook in rooms-katholieke kring verschenen in de negentiende eeuw nieuwe bijbelvertalingen. Een bekend voorbeeld daarvan is de zogenaamde Professorenbijbel. Het was een vertaling uit de Vulgata die gemaakt was door hoogleraren verbonden aan de seminaries van de Utrechtse kerkprovincie en daarom Professorenbijbel genoemd. Deze vertaling, waaraan in 1894 begonnen was, verscheen in zeven delen en was in 1911 voltooid.

In de twintigste eeuw nam bij de rooms-katholieken de behoefte toe aan een vertaling uit de grondteksten. Initiatief hiertoe werd genomen door de Apologetische Vereniging Petrus Canisius. De vertaling, bekend geworden als Canisiusvertaling, is verschenen tussen 1929 en 1939. Zij was de eerste officiële rooms-katholieke vertaling uit de grondteksten en is zeer populair geworden. Ze was wetenschappelijk verantwoord en gebruikte een verstaanbaar Nederlands. De inleidingen en aantekeningen waren geheel volgens de officiële rooms-katholieke leer en gaven niet de resultaten van de nieuwere historisch-kritische inzichten.

Ook kleinere kerkgenootschappen, zoals de lutheranen, doopsgzinden en oud-katholieken kenden eigen bijbelvertalingen die bij de eerstgenoemde teruggingen op de zestiende eeuw en in het geval van de oud-katholieken zijn oorsprong vond in de achttiende eeuw. Waren de doopsgezinden in de achttiende eeuw overgegaan op de Statenvertaling, de lutheranen maakten tot 1951 gebruik van hun Lutherbijbel uit 1648, waarvan wel steeds nieuwe edities waren uitgebracht. De oud-katholieken maakten eveneens tot in de twintigste eeuw gebruik van hun bijbelvertaling uit de achttiende eeuw.

Na 1945

Na de oorlog waren velen in de Nederlandse samenleving sterk gegrepen door een geest van vernieuwing en verandering, die werd gekenmerkt door een afkeer van de vooroorlogse verzuilde structuren. Vooral onder jongeren heerste een bijna euforische stemming: alles zou en moest anders worden. In de politiek leek dit ook al snel te slagen. De oprichting van de Partij van de Arbeid in 1946 beoogde mensen van verschillende levensbeschouwing met elkaar in één politieke partij te laten samenwerken. Maar spoedig bleek dat deze poging – de Doorbraak – als mislukt kon worden beschouwd. Slechts een klein aantal katholieken en protestanten was tot deze nieuwe partij toegetreden. Bij de eerste naoorlogse verkiezingen bleek deze partij een teleurstellende uitslag te behalen, terwijl de confessionele partijen een absolute meerderheid behaalden. Na de oorlog werden de vooroorlogse structuren weer opgepakt en eigenlijk was er nog niets veranderd. Wel trok de oecumenische beweging aandacht, ook omdat de eerste samenkomst van de Wereldraad van Kerken in Amsterdam plaatsvond (1949). Hoewel de oecumenische toenadering langzaam op gang kwam, waren vanaf de jaren zestig op dit terrein belangrijke ontwikkelingen gaande.

Binnen de drie grote kerken begonnen de veranderingen in de tweede helft van jaren vijftig en beleefden in de jaren zestig en zeventig hun hoogtepunt. Met name binnen de rooms-katholieke kerk is dit duidelijk zichtbaar. Onder invloed van het Vaticaans Concilie kwam er in Nederland een sterke vernieuwingsbeweging op. Op het eind van de jaren zestig te Noordwijkerhout gehouden Pastoraal Concilie kwamen allerlei kwesties vrijelijk aan de orde. Het concilie gaf meer ruimte aan de Bijbel, vernieuwde de liturgie en zocht meer aandacht voor de oecumene. Ook op het gebied van bijbelvertalen worden de naoorlogse ontwikkelingen zichtbaar.

De Willibrordvertaling

Bij de rooms-katholieken was men wat betreft de Canisiusbijbel met name over de aard van de aantekeningen en inleidingen ontevreden. Betrekkelijk spoedig na de verschijning van de gehele Canisiusvertaling ontstond al het verlangen naar een nieuwe vertaling, waaraan in 1947 begonnen werd. Dit initiatief was genomen door het werkgezelschap Sint-Hieronymus; de vertalers gingen onder toezicht van de Sint-Willibrordvereniging aan het werk. In 1961 verscheen het Nieuwe Testament, waarop men besloot een vertaling van het Oude Testament te vervaardigen. Naast exegeten werkten ook literair deskundigen mee, terwijl op dit terrein advies werd verkregen van taalkundigen, onder wie de schrijver G.K. van het Reve. Oecumenische samenwerking, hoe graag sommigen dat ook zouden willen, kwam niet tot stand. Deze vertaling verscheen in vijf losse delen tussen 1966 en 1973 en werd uitgegeven door de in 1961 opgerichte Katholieke Bijbelstichting (KBS). Hierin was de psalmenvertaling van Ida M. Gerhardt en Marie H. van der Zeyde, die in 1972 zelfstandig gepubliceerd was, opgenomen. In 1975 verscheen de gehele vertaling in één band, met een herziene versie van het Nieuwe Testament uit 1961. Deze vertaling bevat inleidingen bij de tekst en in de meeste edities zijn aantekeningen opgenomen. In deze Willibrordvertaling zijn wel de resultaten van de moderne bijbelwetenschap en exegese verwerkt, waardoor de inleidingen en toelichtingen zeer verschillen met die uit de Canisiusvertaling. Wat betreft taalgebruik is in de vertaling gestreefd naar een evenwicht tussen een goede weergave van de bronteksten en verstaanbaar Nederlands. Het is een vertaling in hedendaags Nederlands die, doordat ze in een groot aantal commissies totstandgekomen was, weinig homogeen en uniform was. Zo werden staande uitdrukkingen dikwijls op verschillende wijze vertaald. Een aparte plaats in het geheel neemt de psalmenvertaling in, die een geheel ander karakter draagt dan de rest van de vertaling. Niettemin werd deze vertaling positief ontvangen. De oudtestamenticus M.A. Beek schreef hierover ironisch: 'de vertaling is toegejuicht, waarschijnlijk het meest door degenen, die minder goed in het Hebreeuws zitten.' Van deze vertaling is in 1995 een sterk herziene versie verschenen. Voor de psalmvertaling werd gebruik gemaakt van de zogenaamde KBS-vertaling uit 1982, die in gereviseerde vorm is opgenomen. De herziene Willibrordvertaling is stilistisch verbeterd, meer homogeen en goed voorleesbaar. In de loop der jaren heeft deze vertaling ook buiten katholieke kring waardering ontvangen.

De Nieuwe Vertaling (NBG-vertaling 1951)

Binnen de protestantse wereld was in het begin van de twintigste eeuw de situatie als volgt: er was naast de Statenvertaling een aantal negentiende- en begin twintigste-eeuwse vertalingen die óf het werk van enkelingen waren óf het stempel droegen van een bepaalde theologische richting. Daardoor was het niet gelukt een dergelijke vertaling breed aanvaard te krijgen. Een aantal predikanten was van oordeel dat het, wilde men een nieuwe kerkbijbel geaccepteerd krijgen, anders moest. In de eerste plaats zou een dergelijke vertaling een breed interkerkelijk draagvlak moeten hebben. Daarnaast leek het zeer onverstandig al te zeer van de Statenvertaling af te wijken. Vrijwel iedereen was het inmiddels erover eens dat deze vertaling niet meer voldeed. In 1911 kwam op particulier initiatief een groep theologen met uiteenlopende achtergronden bijeen, onder wie de Schipluidense gereformeerde predikant F.W. Grosheide, die gezamenlijk aan een vertaling van het Nieuwe Testament begonnen. Hun doel was een vertaling te maken die niet persoonlijk gekleurd zou zijn noch verbonden zou worden met een kerkelijke richting. Zij publiceerden hun vertaling in gedeelten in verschillende theologische tijdschriften en verwerkten het commentaar erop. Hoewel ze al een eind gevorderd waren, nam de zaak in 1927 een wending. In dat jaar besloot het Nederlands Bijbelgenootschap (NBG), waar steeds vaker gesproken was over een nieuwe vertaling, de Bijbel te vertalen en wel zodanig dat de vertaling voor verschillende kerken en richtingen aanvaardbaar zou zijn. Voor de vertaling van het Nieuwe Testament kon snel een commissie ingesteld worden, waarvan leden uit de groep theologen die al in 1911 begonnen waren, deel uitmaakten. Dat had grote voordelen: niet alleen was men al een eind gevorderd, maar ook kende men elkaars opvattingen. De commissie stond onder voorzitterschap van Grosheide, inmiddels hoogleraar aan de Vrije Universiteit, en onder de leden waren hervormden, gereformeerden, lutheranen en een remonstrant. De vertaling zou gebruik moeten maken van moderne tekstedities; in taal en stijl zou ze zoveel mogelijk aansluiten bij het gebruikelijke Nederlands; waar het mogelijk was zou in de vertaling van woorden en zinnen de Statenvertaling gevolgd worden; de letterlijke vertaling was ondergeschikt aan de bedoeling van de schrijvers.

De vertalers deden hun werk in grote openheid. Er verschenen deeluitgaven, 'proeven' en men vroeg om kritiek die, voor zover mogelijk, werd overgenomen. In 1939 verscheen het Nieuwe Testament. Bij de aanbieding zei Grosheide dat de commissie dikwijls compromissen had moeten sluiten. Verheugd was hij erover dat, hoewel niet ieder in alle opzichten zijn zin gekregen had, de verhouding tussen de vertalers nooit verstoord was geweest en dat zij allen de gehele verantwoordelijkheid voor het werk droegen. Hij vroeg ook om kritiek, maar wees erop dat er veel opmerkingen zouden komen die niet gehonoreerd konden worden. Van dit Nieuwe Testament werden in twaalf jaar meer dan een half miljoen exemplaren verkocht.

Vanaf 1933 werd ook gewerkt aan de vertaling van het Oude Testament. Het had in dit geval nogal moeite gekost vertalers uit de verschillende kerken te vinden die bereid waren samen aan deze onderneming te werken. Bovendien moest men sterk aan elkaar wennen – sommigen kenden elkaar alleen van allerlei polemieken die zij gevoerd hadden in tijdschriften – en het kostte nogal wat tijd om het eens te worden over de richtlijnen. Ook het Oude Testament werd in delen gepubliceerd totdat in december 1951 de gehele vertaling, waarvan het Nieuwe Testament gereviseerd was, het licht zag. Begin 1952 werd de Nieuwe Vertaling eerst aangeboden aan vertegenwoordigers van de kerken – de invoering werd immers een zaak van de kerken geacht – en vervolgens werd door Grosheide het eerste van 100 genummerde exemplaren aangeboden aan de koningin.

Hoewel Grosheide, die zeer goed op de hoogte was van de geschiedenis van bijbelvertalen, vreesde dat de aanvaarding en invoering van deze vertaling door de kerken een proces van lange duur zou zijn, bleek dat zeer mee te vallen. Ze werd al heel snel door de meerderheid van de protestantse kerken in gebruik genomen. Nooit eerder was het voorgekomen dat een bijbelvertaling door zoveel kerken was aanvaard. Ze werd wat men beoogd had: een echte 'kerkbijbel'. Het enthousiasme blijkt ook uit de verkoop. De eerste 70.000 exemplaren waren in december al verkocht door voorintekening en de rest van de eerste oplage van 115.000 bijbels was in januari 1952 al uitverkocht. Hieruit werd overduidelijk dat de Statenvertaling ook in de beleving van de meeste kerkleden volstrekt niet meer voldeed en dat de Nieuwe Vertaling tegemoet kwam aan een lang gekoesterde wens de Bijbel weer echt goed te kunnen verstaan. Deze vertaling werd spoedig ook door de lutheranen en de oud-katholieken in gebruik genomen.

Over het algemeen werd positief op deze vertaling gereageerd. Toch was er ook kritiek te horen. Zo vonden critici het taalgebruik eigenlijk achterhaald. Dat klopt ook wel: al in 1911 was men met de eerste voorbereidingen begonnen en men mag aannemen dat de vertalers – zij kenden de weerstand tegen recente nieuwe vertalingen – zich niet te ver wilden verwijderen van de tot dan toe gebruikte vertaling. Dat moet gevolgen gehad hebben voor het Nederlands van de vertaling. Zij werd ten gevolge hiervan en door de breed samengestelde groep vertalers dan ook wel een compromisvertaling genoemd. Van alle nieuwe vertalingen die de laatste eeuw verschenen waren stond deze wat betreft de taal het dichtst bij de Statenvertaling. De theoloog Frans Breukelman uitte zeer felle andersoortige kritiek: hij noemde de Nieuwe Vertaling zelfs een 'ramp voor Nederland'. Hij vond dat de vertalers te vaak dezelfde sleutelwoorden gevarieerd hadden vertaald. Natuurlijk vonden sommigen de Statenvertaling eenvoudigweg beter. De Nieuwe Vertaling heeft in elk geval in brede kring ruim voet aan de grond gekregen.

Toch bleef bij een aantal protestantse groeperingen, die te vinden zijn aan de (uiterst) rechterflank van het kerkelijk erf, de Statenbijbel in gebruik. Voor hen bleef deze bijbel het 'onfeilbaar Woord Gods'. Omdat de verstaanbaarheid van de tekst ook in deze kringen steeds minder werd, kwamen er pogingen uitgaven te maken die toegankelijker waren. In 1977 werd door het NBG een bewerking van de Statenbijbel uitgeven die bekend is geraakt als de Tukkerbijbel, genoemd naar de voorzitter van de commissie die deze vertaling gemaakt had, de predikant W.L. Tukker, een van de leidende personen uit de Gereformeerde Bond. Deze vertaling voorzag enerzijds in een grote behoefte, anderzijds kwam er ook kritiek op. Voor mensen die gewend waren aan de oudere tekstvorm had deze vertaling iets vervreemdends. Anderen achtten een modernisering van de Statenvertaling eigenlijk onmogelijk, omdat het ondoenlijk is een zeventiende-eeuws monument te verbouwen tot iets twintigste-eeuws.

Om de taalkundige kloof die er heerst tussen het huidige taalgebruik en dat van de Statenvertaling nog een keer te overbruggen is er in 2002 een stichting opgericht met vertegenwoordigers vanuit de Gereformeerde

Bond, de Christelijk Gereformeerde kerken en de Gereformeerde Gemeenten, die opnieuw een herziening van de Statenvertaling nastreven. Het uitgangspunt is de zeventiende-eeuwse editie en de handschriften die de toenmalige vertalers gebruikt hebben. In de 'hertaling' werd onder meer de spelling herzien, oudere woorden zijn vervangen en zinsconstructies zijn vereenvoudigd. Een aantal keren is een alternatief uit de kanttekeningen gebruikt en onjuiste vertalingen zijn gewijzigd. Inmiddels zijn deeluitgaven verschenen, de laatste met het Nieuwe Testament en enkele oudtestamentische boeken.

Vernieuwing vanaf de jaren zestig

Tot halverwege de twintigste eeuw was de Bijbel eigenlijk alleen vertaald voor gebruik in de kerken en voor kerkgangers. Pas toen begon men in te zien dat de Bijbel steeds minder begrepen werd, vooral door mensen met weinig of geen kerkelijke achtergrond. Dit bracht het NBG ertoe uitgaven te verzorgen in 'hedendaags Nederlands' en 'eenvoudig Nederlands'. Ook individuele vertalers lieten zich niet onbetuigd. Van de velen die op dit terrein actief waren noem ik Albert Koster die in veertien delen tussen 1991 en 2006 een vertaling van de Hebreeuwse bijbel uitgaf. Hij noemde het een 'woord-voor-woord vertaling' waarmee hij wilde zeggen dat hij een woordelijk getrouwe en concordante vertaling wilde geven die gesteld is in goed en hedendaags Nederlands. Tevens werden er door vertaalgroepen allerlei vertalingen uitgebracht. Bekende voorbeelden daarvan zijn de vertalingen in streektalen en de vertalingen van de Societas Hebraica Amstelodamensis. In deze zogenaamde idiolecte vertalingen tracht men zoveel mogelijk de aan de Hebreeuwse tekst eigen vormgeving, sfeer, stijl, zeggingskracht en dynamiek in het Nederlands weer te geven. Van joodse hand verscheen in deze periode de vertaling van de Pentateuch met de Haftaroth van J. Dasberg (in twee delen, 1970-1971).

Internationaal begon men zich in deze periode sterk te bezinnen op de methode van bijbelvertalingen. Dit bracht verschillende bijbelgenootschappen ertoe om naast de bestaande vertalingen die in het bijzonder bedoeld waren voor kerkelijk en liturgisch gebruik, vertalingen te vervaardigen voor mensen zonder veel kennis van de Bijbel. Het NBG bracht, in navolging van ontwikkelingen in het buitenland, in 1972 samen met de Katholieke Bijbelstichting het Nieuwe Testament in omgangstaal uit, *Groot Nieuws voor U*, in een kleine twee jaar vertaald door A.W.G. Jaakke. Deze vertaling was in eigentijds Nederlands en traditioneel kerkelijk jargon was vermeden. Het succes van deze vertaling was zeer groot; er werden honderdduizenden van verkocht. Kritiek was er ook, niet alleen uit behoudende kringen, maar ook van hen die dergelijke vertaalmethodes verwierpen. In 1983 verscheen, nu door een groep vertalers gemaakt, de gehele Bijbel in omgangstaal, de *Groot Nieuws Bijbel* (herzien in 1996), waarvan in 1998 een editie met aantekeningen en inleidingen uitgebracht werd. Ook deze uitgave werd zeer goed verkocht. Uit een onderzoek bleek overigens dat de meeste lezers geen rand- of buitenkerkelijken waren, maar verbonden waren aan een kerkgenootschap. Ook hieruit blijkt dat voor veel protestantse kerkleden de taal van de Nieuwe Vertaling uit 1951 verouderd was. Met deze vertalingen lijkt een einde gekomen aan het gescheiden optreden van protestanten en katholieken op het terrein van bijbelvertalen.

Streektalen

Vanaf de tweede helft van de twintigste eeuw namen vertalingen in de Friese taal en in dialecten – streektalen – toe in populariteit. In de Friese taal was G.A. Wumkes de grote initiator hiervan. De predikant Wumkes heeft zich zijn leven lang ingezet voor de bevordering van de Friese cultuurgeschiedenis. Hij was een voorman van de Friese beweging en ook in Friesland was zijn Friesnationaal pathos een uitzondering. In 1919 publiceerde hij de eerste proeve met bijbelfragmenten en in 1943 verscheen de gehele Bijbel in het Fries. Deze vertaling was zeer sterk door de Statenvertaling geïnspireerd. Omdat Wumkes' bijbel spoedig in taalgebruik al wat verouderd was en in de jaren zestig geheel uitverkocht was, besloot men een nieuwe vertaling te maken, die in 1978 door de KBS en het NBG uitgeven werd.

Vooral de laatste twintig jaar, met een onder invloed van de mondialisering toenemend bewustzijn van de eigen regionale identiteit, ontstonden er diverse vertaalgroepen die (delen van) de Bijbel in hun eigen dialect vertaalden. Er kwamen in Zeeland, de Achterhoek, Limburg, Drente en ook plaatselijk delen van de Bijbel in het eigen dialect uit. Gehele vertalingen zijn gemaakt in het Twents (2007) en het Gronings (2008), die beide voorafgegaan waren door deelvertalingen. Deze uitgaven genieten lokaal en onder mensen afkomstig uit een bepaalde streek populariteit, ook al worden door enkelen bezwaren geuit tegen het zeer regionale karakter ervan. In de gebieden waar dergelijke bijbelvertalingen voorhanden zijn worden zo nu en dan kerkdiensten in het eigen dialect gehouden, waar deze vertalingen zeer tot hun recht komen.

De Nieuwe Bijbelvertaling (NBV)

Al een aantal jaren was duidelijk dat de vertaling uit 1951, die in de meeste protestantse kerken fungeerde als kanselbijbel, door velen als verouderd werd ervaren. Een echt alternatief was niet voorhanden. Een aanzet tot een nieuwe bijbelvertaling werd in 1989 gegeven door de 'Raad voor Contact en Overleg betreffende de Bijbel' (RCOB) op een door hem georganiseerde conferentie. Een en ander had tot gevolg dat in 1993 de KBS en het NBG gezamenlijk aan een vertaalproject begonnen dat in 2004 geleid heeft tot *De Nieuwe Bijbelvertaling*, de eerste interconfessionele vertaling in het Nederlands, bedoeld voor het gehele Nederlandse taalgebied, voor kerk en cultuur, om voor te lezen in de liturgie en om te citeren in krant en literatuur. Er is gestreefd naar een vertaling uit de bronteksten in eigentijds Nederlands, waarbij niet alleen gebruikgemaakt is van de nieuwste inzichten op bijbelwetenschappelijk gebied, maar ook van kennis vanuit de moderne (ver)taalwetenschap. De toegepaste methode is kort omschreven in de woorden *brontekstgetrouw* en *doeltaalgericht,* waarmee men wil uitdrukken dat aan de wezenlijke kenmerken van de brontekst in de vertaling recht wordt gedaan én dat de vertaling gesteld is in natuurlijk Nederlands. Dit niet eenvoudige ideaal is uitgewerkt in een groot aantal vertaalregels, die tijdens het project bijgesteld werden. Elk bijbelboek is vertaald door een exegeet en een neerlandicus/vertaalwetenschapper, waarna het vele ronden doorlopen heeft voordat de definitieve tekst werd vastgesteld. Het geheel geschiedde in grote openheid. Niet alleen werd in brochures informatie verstrekt over de methode, bepaalde vertaalbeslissingen en de voortgang van het project, ook verschenen in het kwartaalblad over bijbelvertalen *Met Andere Woorden* regelmatig achtergrondartikelen. Om fouten uit het verleden te vermijden werden contacten gezocht met vertegenwoordigers van verschillende kerkgenootschappen en andere potentiële lezers. Men vroeg hen de voorlopige resultaten van commentaar te voorzien, waarna de vertaling weer kon worden bijgesteld. Ook dichters, schrijvers en literatuurcritici gaven hun oordeel, met name over de literaire kwaliteit van de vertaling. Evenals bij de Nieuwe Vertaling uit 1951 gaf men ook nu deeluitgaven uit en werd er om kritiek gevraagd. Over de gepubliceerde resultaten is niet alleen vol lof gesproken, ook kritische opmerkingen en vragen bleven niet achterwege. Die betroffen vooral de mate van brontekstgetrouwheid, het Nederlands van de vertaling en de juistheid van de methode. De kritiek heeft geleid tot een bezinning op de vertaalmethode. Hoewel de oorspronkelijke vertaalmethode in grote lijnen wel gehandhaafd is gebleven, is een aantal vertaalregels bijgesteld en zijn bepaalde methodische uitgangspunten genuanceerd. Ook zijn vertaalbeslissingen die in eerste instantie afgerond waren opnieuw aan de orde gesteld. Tevens is er kritiek geleverd op de manier waarop de vertalers de regel van de beperkte concordantie hebben toegepast. De critici meenden dat hierin niet ver genoeg is gegaan. Net als in de reacties op de Nieuwe vertaling uit 1951 was de toon veelal fel, maar beperkte de kritiek zich tot een vrij kleine groep.

Een zaak die ruime aandacht heeft gekregen is de vertaling van de Godsnaam, het tetragrammaton JHWH, waarvan de betekenis onbekend is. Als voorlopige vertaling koos men in 1994 voor HEER, een weergave die al in vele Nederlandse vertalingen traditioneel gebruikt werd. Om aan te geven dat er iets bijzonders mee is, heeft men gekozen voor een weergave in klein kapitaal. Men erkende dat deze keuze gedaan was bij gebrek aan een beter alternatief. Na de verschijning van de eerste deeluitgaven in 1998 kwam er een discussie op gang over deze weergave. In veel brieven, krantenartikelen en via een handtekeningenactie werden bezwaren geuit; vele alternatieven werden aangedragen. Na vele discussierondes, studiedagen en langdurig beraad, bleek dat een goed, breed gedragen alternatief niet voorhanden was. In februari 2001 is uiteindelijk toch gekozen voor de weergave HEER. Wel is voor het eerst in de geschiedenis van de Nederlandse bijbelvertaling een leeswijzer aan de vertaling toegevoegd, waarop alternatieven voor heer gegeven worden, zoals Aanwezige, Eeuwige, Levende en andere.

Tot slot volgde een eindredactionele ronde, waarin de tekst nog eens kritisch werd doorgenomen met bijzondere aandacht voor de kwaliteit en de consistentie van de vertaling als geheel, waarbij ook verbeteringsvoorstellen nog een keer gewaardeerd werden.

Veel aandacht is besteed aan de voorbereiding van de verschillende uitgaven, waarin de NBV zou verschijnen. Beoogd werd niet alleen edities uit te geven voor kerkelijk publiek, maar ook voor lezers die de Bijbel meer beschouwen als een literair, klassiek werk dat een belangrijk onderdeel vormt van onze cultuur en voor wie het niet in de eerste plaats geldt als een geloofsboek. Zo zijn er – en dat is vrij uniek – literaire edities verschenen met de tekst gezet in één kolom zonder boek- en versaanduidingen binnen de tekst. Alle in 2004 uitgebrachte edities zijn voorzien van inleidingen op de bijbelboeken, een verantwoording en een overzicht van personen die eraan hebben meegewerkt. Er is een driedelige literaire editie verschenen met afbeeldingen van Doré en, in het derde deel, uitvoerige inleidingen en toelichtingen, achtergrondinformatie, essays, kaarten en een namenregister. Na 2004 verschenen er nog diverse edities, waarvan ik enkele noem. Er werd samen met de Evangelische Omroep in 2006 een editie uitgeven voor jongeren. Niet alleen het uiterlijk was aan deze doelgroep aangepast (men kan kiezen uit verschillende omslagen), ook waren er diverse katernen met informatie voor jongeren in opgenomen. In 2007 verscheen *Tanach*, een uitgave van de Hebreeuwse Bijbel waar de NBV naast de Hebreeuwse tekst is afgedrukt. Aan deze uitgave is onder meer medewerking verleend door het College van Rabbijnen van het Verbond van Liberaal-Religieuze Joden in Nederland en de Stichting Hebreeuwse en Jiddische woorden in het Nederlands. Er is een aantal verschillen met het oorspronkelijke Oude Testament in de NBV. De volgorde van de bijbelboeken is aangepast aan de joodse traditie en de spelling van de namen is anders dan in de NBV. Het meest in het oog springende verschil dat de Godsnaam JHWH niet wordt weergeven als 'HEER', maar als 'de EEUWIGE'.

In 2008 verscheen de *NBV Studiebijbel*, een oecumenische uitgave bedoeld voor lezers die zich nader willen verdiepen in de achtergronden van de tekst en van de Bijbel. In deze studiebijbel zijn vele verklarende aantekeningen opgenomen bij bijbelverzen en tekstpassages. Verder bevat deze uitgave inleidingen, kaderartikelen, een woordenlijst, kaarten, foto's en historische overzichten. Aan deze uitgave hebben meer dan zestig wetenschappers uit Nederland en België meegewerkt. Opvallend is dat in deze uitgave de godsnaam is weergeven met JHWH.

Het eerste exemplaar van de NBV werd op 27 oktober 2004 in De Doelen te Rotterdam overhandigd aan koningin Beatrix, die de eerste tien verzen uit Genesis voorlas. Het geheel werd op radio en televisie uitgezonden. Twee dagen later volgde in Antwerpen de officiële presentatie voor het Belgische publiek. Eén en ander ontving zeer veel aandacht in vrijwel alle Nederlandse en Belgische dag- en weekbladen en in diverse andere media.

De vertaling als zodanig werd over het algemeen zeer goed beoordeeld. Zij is vooral geprezen om de consistentie en de zeer goede leesbaarheid. Kritiek was er ook, met name vonden sommigen het Nederlands te alledaags en het verdwijnen van bepaalde in onze taal ingeburgerde uitdrukkingen werd door een aantal recensenten betreurd. De ontvangst bij het publiek was zeer enthousiast: binnen een maand waren ruim 250.000 exemplaren verkocht. Vrijwel alle edities moesten herdrukt worden. Het succes van de Nieuwe Vertaling uit 1951, waarvan binnen een maand ruim 100.000 exemplaren waren verkocht, is ruimschoots overtroffen. Medio 2009 zijn er inmiddels één miljoen exemplaren verkocht, waarmee duidelijk is dat deze nieuwe vertaling in een grote behoefte voorziet.

De Naardense Bijbel

Ongeveer tegelijkertijd met de NBV, eveneens in oktober 2004, verscheen nog een geheel nieuwe vertaling van de Bijbel, de zogenaamde *Naardense Bijbel.* Deze vertaling was niet alleen geheel andersoortig dan de NBV, maar was ook op een volstrekt andere wijze tot stand gekomen. In deze bijbel zijn kleurenreproducties van de gewelfschilderingen uit de Grote Kerk in Naarden opgenomen; vandaar de naamgeving. De Hervormde predikant Pieter Oussoren heeft met steun van een aantal vertalers ruim dertig jaar – met tussenpozen – gewerkt aan de totstandkoming van deze bijbel. In deze woord-voor-woord vertaling heeft Oussoren gestreefd naar een zo letterlijk mogelijke vertaling van de bronteksten. Ook zijn volgens de regels van de concordante vertaalmethode woorden die in de brontaal hetzelfde zijn in het Nederlands met eenzelfde woord weergeven. Daarmee tracht Oussoren, zoals hij in *de Verantwoording* opmerkt, 'de kleur en de geur van het origineel te peilen en nabij te brengen'. Zo ligt Mozes in Exodus 2:3 in een *arkje*, waarmee de vertaler wil verwijzen naar het verhaal over Noach. Een voorbeeld waar de concordante methode zeer goed tot uiting komt is de vertaling van 2 Samuel 11:7 waar de Naardense Bijbel het woordje *sjaloom*, dat naast de betekenis 'vrede' ook de betekenis heeft van 'vragen hoe het met iets of iemand gaat', drie keer consequent op dezelfde wijze vertaald heeft:

> 'David vraagt naar de vrede van Jaob,
> de vrede van de manschap
> en de vrede van de oorlog.',

terwijl het in deze passage meer voor de hand ligt *sjaloom* weer te geven in de andere betekenis. In enkele gevallen worden dezelfde woorden uit de grondtekst echter toch verschillend weergeven; zo is het Hebreeuwse woordje *erets* als *land* en *aarde* vertaald.

Opvallend is het gebruik van de tegenwoordige tijd, waarmee Oussoren de tekst levendiger en actueler wil maken. Voor de vertaling van de Godsnaam zijn ook hier verschillende mogelijkheden besproken, uiteindelijk is gekozen voor 'de ENE', een weergave die bij het voorlezen gemakkelijk vervangen kan worden door 'Here'. De ontvangst van deze vertaling was, zeker de beperkte doelgroep in ogenschouw nemend, verrassend goed. Binnen enkele weken was de eerste oplage van 3500 exemplaren uitverkocht. In 2008 waren er in totaal 25.000 exemplaren verkocht. Er verschenen na de editie met afbeeldingen van de kerkramen van de Naardense kerk ook uitgaven met afbeeldingen van kerkramen uit andere steden, zoals Gouda, Dordrecht en Groningen. In 2008 voltooide Oussoren zijn vertaling met het uitbrengen van *Buiten de vesting*, waarin de deuterocanonieke boeken en een groot aantal pseudepigrafische geschriften zijn opgenomen.

Tot op de huidige dag is de Bijbel wereldwijd het meest verkochte boek. Ook in Nederland gaat het vertaalwerk door. Vertalingen worden niet meer alleen voor grote groepen gemaakt, ook particuliere vertalingen, veelal gemaakt voor zeer specifieke doelgroepen, vinden hun weg, zowel binnen als buiten de kerken. De resultaten van de Nieuwe Bijbelvertaling uit 2004 bewijzen dat ook voor brede doelgroepen – binnen en buiten gelovig Nederland – ruimte is voor en behoefte bestaat aan een goede vertaling.

Literatuur

A.J. van den Berg, *Vertaald verleden. Beknopte geschiedenis van bijbelvertalen in Nederland*, Heerenveen 2006.

A.J. van den Berg, 'Grosheide en de Nieuwe Vertaling', in: J. van Dorp/ T. Drieënhuizen (red.), *Heilige tekst in onze taal. Bijbelvertalen voor gereformeerd Nederland*, Heerenveen 2006, 151-166.

Dr. A.J. van den Berg is bibliothecaris van het Nederlands Bijbelgenootschap.

De redactor in de vertaling

Karel Deurloo

In de eerste helft van de vorige eeuw was de zogenaamde 'bronnensplitsing' nog volop in de mode. In Genesis trof men de Priestercodex aan die met P werd aangeduid. E stond voor de Elohist die voor het Hebreeuwse woord *Elohim,* 'God', een voorkeur had. J was het siglum van de bron die de Godsnaam JHWH, toen nog uitgesproken als 'Jahweh', gebruikte. Hij heette de Jahwist. Boven hen uit bespeurde men ook de hand van een auteur(sgroep) die voor verbindingen van de bronnen verantwoordelijk was. In dat geval bleek het siglum R passend. Die letter moest men aanvullen tot Redactor.

Toen Franz Rosenzweig samen met Martin Buber aan de bijbelvertaling *Die Verdeutschung der Schrift* werkte (1926-1929), schreef hij in een brief een zin die beroemd is geworden. Voor hen beiden was eenheid van de Schrift het uitgangspunt, al erkenden ze dat de eindtekst uit vele bronnen is samengevloeid. Rosenzweig schreef dat zij de R niet aanvulden 'zu Redaktor, sondern zu Rabbenu'. De eindtekst in zijn overgeleverde gestalte ('Jetztgestalt und Letztgestalt', zegt Von Rad) is beslissend voor uitleg en vertaling. Het Hebreeuwse woord *Rabbenu* betekent dan ook 'onze leermeester' en dus wat de Tora betreft 'Mozes', al geloofden Buber en Rosenzweig niet dat hij de historische auteur was.

Dat 'bronnensplitsing' niet alleen maar een gedachtespinsel van vroegere geleerden is, kan iedere bijbellezer ook in de vertaling constateren. Het scheppingsverhaal (Genesis 1:1-2:3) is in een volkomen andere stijl geschreven dan de daarop volgende verhalen over de mens als 'man-en-vrouw' en als 'man-en-broeder' (Genesis 2:4-4:26). Als JHWH Kaïn aanspreekt met de woorden:

> 'Waarom ben je toornig?
> Waarom is je gezicht neergebogen?
> Is het niet zo:
> "Als je goed doet, hef het op..."' (Genesis 4:6,7),

dan lijkt het alsof er uit een bepaald geschrift geciteerd wordt. Expliciet is dat het geval bij Jozua's woord: '"Zon, houd stil te Gibeon en jij, maan, in het dal van Ajalon!"... Is dit niet geschreven in het Boek van de Oprechte!' (Jozua 10:12,13). Is de auteur(sgroep) of de redactor op zulke citaten gekomen? Waar kunnen we onmiskenbaar redactiewerk op het spoor komen en wat betekent dit voor de vertaling?

Hieronder volgen twee kleinere en daarna enkele grotere voorbeelden speciaal uit Genesis. Het eerste voorbeeld betreft de twee parallelle verhalen over 'man-en-vrouw' en 'man-en-broeder'; daarna volgt de plaatsing van een hoofdstuk in Genesis, die vanouds vragen heeft opgeroepen, en tenslotte een redactionele inleidingszin die voorafgaande notities in een samenhangend verband zet.

Micha uit Moreset

Als Jeremia in het proces over zijn tempelprediking wordt verdedigd door een van de 'oudsten des lands', wijst deze op verwante prediking van de vroegere profeet Micha, die zei: 'De Sion zal als een akker worden omgeploegd, Jeruzalem zal tot een puinhoop worden, de tempelberg tot een overwoekerde heuvel' (Jeremia 26:18, volgens de Nieuwe Bijbelvertaling: NBV). Bij de redactie van de profetenboeken heeft men ervoor gezorgd dat deze zin in het Hebreeuws exact overeenstemt met Micha 3:12. Is het toevallig dat juist die zin het precieze midden vormt van het Twaalfprofetenboek? De brontekst vermeldt dat in de marge.

Beide zinnen moeten natuurlijk ook exact gelijkluidend vertaald worden. De NBV heeft echter 'puinhoop' in Jeremia en 'ruïne' in Micha. Het is een veel vaker voorkomende onachtzaamheid, die op haastwerk lijkt te duiden. Toen men in 2007 eindelijk kwam met een uitgave met vermelding van parallelteksten, heeft men echter verzuimd slordigheden die nu herkenbaar werden, te corrigeren. In de Willibrordvertaling 1995 (WV95) wijken Jeremia 26:18 en Micha 3:12 overigens nog sterker van elkaar af.

'... in een kist, in Egypte'

De laatste zin van Genesis vermeldt dat Jozef is gemummificeerd, 'en men legde hem in een kist, *in Egypte*'! Mag de vertaler een beetje couleur locale aanbrengen en van die kist een 'sarcofaag' (WV95 en NBV) maken? Dat ligt niet in de lijn van wat de auteur bedoelt, namelijk dat Jozef niet begraven wordt. De lezer moet zich namelijk verwonderd afvragen 'Waren er dan geen graven in Egypte?' (Exodus 14:11). Egypte is toch bij uitstek het land van de graven! De lezer vraagt zich ook af: Waarom gebalsemd? Het antwoord daarop luidt: Omdat Jozefs gebeente bij de uittocht meegenomen moet worden. Jozef laat zijn broeders zweren om dat te doen. Ook Jakob was al gebalsemd om hem in de grot te Machpela in het land Kanaän te kunnen begraven (Genesis 50:2). Jozef wordt, ook redactioneel, bij de exodus niet vergeten. Mozes neemt zijn gebeente mee (Exodus 13:19). Het wordt in Sichem begraven (Jozua 24:32). Volgens de grote Midrasj had Mozes nog heel wat moeite om die kist te vinden. Magiërs hadden de kist verzwaard in de Nijl geworpen om de uittocht te verhinderen. Zonder Jozefs gebeente kon men op grond van de eed (Genesis 50:25) immers niet vertrekken. Gelukkig wist een stokoude vrouw nog van de list van de magiërs, zodat ze Mozes de plek in de rivier kon aanwijzen. Hij beval de kist om boven te komen en nam hem op zijn schouders mee. Terwijl het hele volk met goud en zilver beladen uittrok, droeg Mozes die ene kist. Niet alleen vanwege de midrasj, maar allereerst vanwege de redactor en zijn werk, mag men in de vertaling van die kist geen sarcofaag maken. Mozes zou zich eraan vertillen.

Man en vrouw, man en broeder

De twee relaties waarmee in Genesis 2:4-4:26 over de mens wordt gesproken zijn door woorden en uitdrukkingen redactioneel met elkaar verbonden: Mens, 'waar ben je?' (Genesis 3:9). 'Waar is Abel, je broeder?' (Genesis 4:9). Vanwege een merkwaardig, slechts drie keer voorkomend woord, is een andere correspondentie door de traditionele vertaling nauwelijks te herkennen: 'Naar uw man zal uw *begeerte* uitgaan, hoewel hij over u heerst', naast: '(zonde)... begerig u te grijpen. Zult gij hem meester kunnen blijven?' (Genesis 3:16 en 4:7, WV95). Toch lijken de zinnen in het Hebreeuws als twee druppels water op elkaar. Hier is duidelijk een redactionele correspondentie aangebracht. Het bijzondere woord is *tesjoeqah*. Omdat het ook in Hooglied 7:11 voorkomt, heeft men gegokt dat het 'begeerte' betekent: 'Ik ben van mijn liefste, naar mij gaat zijn *verlangen* uit' (Hooglied 7:11, vertaling Societas Hebraica Amstelodamensis: SHA). In de geschriften van Qumran komt men het woord echter herhaaldelijk tegen. Vaak past daar de betekenis 'begeerte' niet. Het is veeleer 'oriëntatie', ' gerichtheid'. Vandaar dat men in Genesis beter met de SHA-vertaling kan weergeven: 'Op je man zul je gericht zijn en hij zal over je heersen' (Genesis 3:16).

Naast deze relatie van man en vrouw klinken de nagenoeg gelijke woorden in de relatie van man en broeder: 'Op jou is hij gericht en jij zult over hem heersen' (Genesis 4:7). 'Hij' (mannelijk) kan grammaticaal niet op de zonde (vrouwelijk) slaan. Het moet wel de jongere broeder zijn die van de oudere afhankelijk is, net als de vrouw in de oud-oosterse situatie van haar man. In het Hebreeuws is het redactionele verband gemakkelijk te herkennen. Van oudsher is echter de theologische traditie voor de vertaling beslissend geweest. In rabbijnse bronnen is deze tekst bijvoorbeeld dé klassieke schriftplaats voor de leer van 'de kwade neiging' in het menselijke hart. Vanwege die traditie valt te vrezen dat de redactor in toekomstige vertalingen niet aan zijn trekken komt.

Juda en Tamar

Bronnensplitsers menen dat Genesis 38 een vreemd hoofdstuk is binnen het geheel van de Jozefcyclus. Alsof hij dat al zag aankomen heeft de redactor deze hilarische geschiedenis literair in de context verankerd. Tamar, verkleed als hoer, ontvangt haar schoonvader Juda. Hoogewoud heeft er (in: *Verkenningen in een stroomgebied,* Amsterdam, 1974) op gewezen dat Juda met zegelring, snoer en staf (Genesis 38:18) zijn koninklijke waardigheid aan Tamar als 'borg' geeft voor het beloofde hoerenloon, een geitenbokje (vergelijk Lucas 15:29). Tenslotte moet Juda erkennen dat Tamar de 'rechtvaardige' is en niet hij. Wanneer rehabiliteert Juda zich? Als hij zich 'rechtvaardigt' tegenover Jozef (Genesis 44:16) en met zijn leven 'borg' staat voor de bedreigde kleinste broeder Benjamin (Genesis 44:32). Met de woorden 'borg' en 'rechtvaardig' brengt de redactor onderlinge verwijzingen aan. Koningschap wordt door het woord 'gerechtigheid' gekenmerkt (Psalm 72:1); koningschap is broederschap. Daarom zullen de broeders voor Juda buigen (Genesis 49:8) want uit hem komt de koning voort en niet uit Jozef. Diens veelkleurige koningsmantel heeft voorgoed afgedaan. Juda's koninklijke attributen keren tot hem terug. Er is redactioneel voor gezorgd dat beide een markant accent krijgen. Als Jozefs bebloede mantel Jakob wordt aangereikt wordt hem gezegd: '"*Herken* je het, is dit de lijfrok van je zoon of niet?" Hij herkende...' (Genesis 37:32v.). Tamar laat Juda vragen als ze hem zijn 'borg' teruggeeft: '"*Herken* je het, van wie zijn deze..." Juda herkende ze...' (Genesis 38:25v.). Als Genesis 38 een vreemd ingevoegd hoofdstuk is, dan heeft de redactor het stevig met het geheel verbonden. Waar een vertaler dit veronachtzaamt, wordt de lezer iets essentieels onthouden.

Scheppen en verwekken

Volgens Breukelman vormt 5:1 titel en thema van het boek dat wij Genesis noemen: 'Dit is het boek der *verwekkingen* van Adam, Mens' (*Bijbelse Theologie I/2*, Kampen, 1992, passim). Wat komt er uit de eerste mens tevoorschijn? Het - ook in het Hebreeuws - nogal ongewone en opvallende woord is *toledot*, dat als indeler telkens in de 'kopjes' van het boek opduikt. Een weinig voor komende genealogische term (bijvoorbeeld twaalfmaal in Numeri 1:20-42) krijgt een prominente rol in het eerste bijbelboek. Daarom verdient het aanbeveling om het in de vertaling niet met 'nakomelingen' – hoe juist dat ook is – maar met het verrassingwekkende woord 'verwekkingen' weer te geven. De vraag is telkens: wie komt er uit X tevoorschijn? Het is een zoon, of het zijn zonen van wie een bepaalde 'geschiedenis' te vertellen valt. Dat heeft sommigen er sinds de middeleeuwen toe gebracht om het woord ook wel met 'geschiedenis' te vertalen, maar dat is wat Genesis en de nabijbelse literatuur (zie de woordenboeken van Levy en Jastrow) betreft niet juist. In zijn *toledot* komt Terach zelf wel voor, maar zijn 'verwekkingen' betreffen zijn zonen, in het bijzonder Abraham. Zo is het ook met de 'verwekkingen' van Isaak. Er wordt ook nog wel over hem verteld, maar het gaat om Jakob en Esau. De verwekkingen van Jakob? Dat zijn zijn zonen, speciaal Jozef en Juda. De 'verwekkingen van de hemel en de aarde' (Genesis 2:4a) kan men volgens de grote Midrasj voor zich zien in de schepselen die met hen, de hemel en de aarde, tevoorschijn komen. Genesis 2:4a is dan ook tot in de middeleeuwen als 'kopje' boven het vervolg gelezen. Volgens ons Hebreeuwse handschrift de Codex Leningradensis begint hier een nieuwe *seder.* Boven het eerste inleidingsverhaal (Genesis 1:1-2:3) staat het redactionele 'kopje': 'In den beginne *schiep God de hemel en de aarde*'; boven de tweede serie inleidingsverhalen (Genesis 2:4-4:26): 'Dit zijn de *verwekkingen van de hemel en de aarde...*' Dat is temidden van de andere schepselen, de dieren, de mens. Boven de eigenlijke aanvang van het boek staat: 'Dit is het boek der *verwekkingen van Adam, Mens.*'

Nu zou er misschien een lezer kunnen zijn die tegen de redactor roept: Verwekkingen van hemel en aarde? Maar het is toch geen heidense kosmische coïtus! De redactor zou dan wellicht antwoorden: Nou ja, het is net als in Jesaja 45:8. Ook daar een soort kosmische coïtus die 'gerechtigheid' voortbrengt. Maar er staat meteen corrigerend bij: 'Ik, JHWH, heb dit *geschapen.*' En wat staat er hier? *Be-hibbar'am*, 'in hun geschapen zijn', of beter, 'toen ze geschapen werden'. Dit 'kopje' fungeert dus als *trait d'union* tussen het 'scheppen' van God en het 'verwekken' van de mens. Het zijn redactionele gegevens die in een vertaling niet parafraserend verduisterd mogen worden.

In Genesis 5:1 volgt op het 'kopje' een soort 'Sammelbericht'. De tekst geeft een resumé van het voorafgaande voordat het verwekken door de mens met vaart van start gaat. Als we ergens R tegenkomen dan hier. Eén ding is nieuw. De mens wiens schepping in het eerste inleidende verhaal verteld wordt en van wie in de serie verhalen in man/vrouw, man/broeder een karakteristiek is gegeven, krijgt pas hier zijn naam. Dat is zinvol, want nu gaat 'Adam' functioneren, nu gaat de mens 'verwekken'. De tekst met telkens de verwijzing naar het voorafgaande (per colon cursief gedrukt) kan als volgt vertaald worden:

> 'Op de dag dat God de mens schiep'
> *'op de dag dat JHWH God hemel en aarde maakte'* (Genesis 2:4b)
> 'maakte hij hem naar Gods gelijkenis'
> *'naar het beeld Gods schiep hij hem'* (Genesis 1:27)
> 'mannelijk en vrouwelijk schiep hij hen'
> *'mannelijk en vrouwelijk schiep hij hen'* (Genesis 1:27)
> 'Hij zegende hen'
> *'God zegende hen'* (Genesis 1:28)
> 'en gaf hun de naam "Adam"... op de dag dat zij werden geschapen'
> *'(hemel en aarde)... toen zij werden geschapen'* (Genesis 2:4c)

In de eerste twee zinnen valt een zeker spiegeleffect op: 'scheppen' en 'maken'. In Genesis 1 gaat de tekst na 'beeld en gelijkenis' verder met 'beeld', hier met 'gelijkenis'. Dat heeft zijn reden. Voorts wordt 'toen zij geschapen werden' van hemel en aarde, hier op de mens toegepast: 'op de dag dat zij geschapen werden'. Het resulteert in een fraaie omlijsting: 'de *dag* dat God *schiep*' en 'de *dag* dat zij *geschapen werden*'. Nu zal de mens die geschapen is gaan verwekken. Het 'verwekken' van de mens vormt een voortzetting maar ook een contrast met het 'scheppen' van God. Naar Gods 'gelijkenis', wordt door de mens voortgezet: naar zijn 'gelijkenis'. De hele zin staat echter in gespiegeld contrast met de centrale zin in Genesis 1:26.

> 'Laat ons "adam" maken, naar ons beeld, als onze gelijkenis'
> 'Adam... verwekte naar zijn gelijkenis, als zijn beeld' (Genesis 5:3).

Doordat het object, 'een zoon', wordt weggelaten, krijgen de woorden waar het om gaat des te meer effect. Het verdient daarom ook de voorkeur de Hebreeuwse naamwoorden in het Nederlands ook met naamwoorden te vertalen; dus niet zoals WV95 en NBV: 'Laten wij mensen maken die ons evenbeeld zijn, die op ons lijken'. De oprichter van de Societas Hebraica Amstelodamensis, mijn leermeester M.A. Beek, schreef in *Wegen en Voetsporen* dat de mens maar een weinig, met vage gelijkenis, in de richting van Gods beeld is geschapen. De bijbelse auteur spreekt er fluisterend en omschrijvend van. Daarom gebruikt deze verteller twee woorden, en – daar wees Beek ook tijdens colleges op – twee voorzichtige, verschillende voorzetsels. De NBV en de WV95 zouden hem veel te stellig zijn geweest; juist door hun parafrase verduisteren zij de precieze en klare taal die R hier spreekt, want het zal de redactor toch wel zijn die voor deze verzen verantwoordelijk is. Hoe vulde Rosenzweig dat voor de vertaalarbeid ook weer aan? Beek was het kritisch met hem eens. Bedenk wel, je moet altijd voorzichtig zijn met het beter menen te weten dan je 'leermeester'.

Prof. dr. K.A. Deurloo studeerde theologie aan de Universiteit van Amsterdam, promoveerde in 1967, was hervormd predikant van 1967-1975, hoogleraar Oude Testament aan de Universiteit van Amsterdam van 1975-1996, en Hervormd kerkelijk hoogleraar Bijbelse Theologie bij de Universiteit van Amsterdam van 1996-2000. Hij was tevens jarenlang voorzitter van de Societas Hebraica Amstelodamensis (SHA) en o.a. medevertaler van verschillende bijbelboeken in de serie 'Een vertaling om voor te lezen' (SHA).

Naar de letter vertalen om de geest op te roepen

'Een vertaling om voor te lezen' van de Societas Hebraica Amstelodamensis

F.J. Hoogewoud & Dries Blokker

'Wil men de "geest" van een vreemde tekst oproepen,
dan moet men naar de "letter" vertalen,
want ergens anders is die "geest" niet te vinden.'
(K. van het Reve)[1]

I. Het klimaat waarin 'Een vertaling om voor te lezen' ontstond

Het klimaat van de jaren zestig van de vorige eeuw was gunstig voor het ontwikkelen van oecumenische initiatieven – ook op het gebied van bijbelvertaling.

Overleg tussen de United Bible Societies en het rooms-katholieke Secretariaat voor de Eenheid, dat de besluiten van het Tweede Vaticaans Concilie (1962-1965) gestalte gaf, resulteerde in 1968 in een leidraad voor interconfessionele samenwerking bij het vertalen van de Bijbel. Ook Nederland leek aangeraakt door oecumenisch optimisme, ook hier zou een interconfessionele bijbelvertaling gerealiseerd moeten worden. Want de Nieuwe Vertaling (NBG) dateerde grotendeels al van voor de Tweede Wereldoorlog en kardinaal Alfrink reageerde positief op pogingen tot een gezamenlijke (katholieke en protestantse) vertaling van het Oude en Nieuwe Testament.

Beek

Onze Amsterdamse leermeester voor het bijbels Hebreeuws, prof. dr. M.A. Beek (1909-1987), vertelde bij gelegenheid over zijn werk aan de Nieuwe Vertaling waar hij pas in 1946 bij betrokken was geraakt. In de grote zaal van het Bijbelhuis van het Nederlands Bijbelgenootschap aan de Herengracht in Amsterdam (het huidige Bijbels Museum) werkte men gestaag aan de vertaling – een werk dat afgerond zou worden met de aanbieding van het eerste exemplaar aan koningin Juliana op Soestdijk in 1951 (Vergelijk dat met het 'mediaspektakel' rond het eerste exemplaar van de Nieuwe Bijbelvertaling (NBV) aan koningin Beatrix!). Koningin Juliana stelde de eerste kritische vragen, bij voorbeeld over het gebruik van 'u' in de Nieuwe Vertaling.[2]

Buber

Door Beek hadden wij Martin Buber (1878-1965) leren kennen en waarderen. Het is de tijd van de toekenning van de Erasmus Prijs 1963 aan Buber in het Koninklijk Instituut voor de Tropen in Amsterdam; met Beeks laudatio onder de titel 'Martin Buber als bemiddelaar', waarin hij, onder andere, zei: 'Het gigantische werk onder de titel *Die Verdeutschung der Schrift* heeft één cultuurtaal van Europa gedwongen de taal van profeten en psalmdichters zó te spreken, dat men hardop lezend het ritme, de etymologie en de oerklank van de Hebreeuwse woorden in het Duits kan beleven. Men kan van mening verschillen over de techniek der vertaling en over de algemeengeldigheid van haar principes. (...) Voor theologen, die het Hebreeuws en het Duits machtig zijn is de vertaling een onvergelijkbaar hulpmiddel bij hun exegese geworden.'[3]

Breukelman

De betekenis van ds. F.H. Breukelman (1916-1993), die al in 1952 kritische artikelen over de Nieuwe Vertaling 1951 publiceerde in De Waagschaal, drong langzaam door in Amsterdam. Dat kwam met name door zijn leerlingen, onder wie Beeks assistent, medewerker en later opvolger Karel Deurloo en zijn compaan Nico Bouhuijs (1931-2007), die later Breukelmans exegetische inzichten op tv populariseerde. Een samenvattende inleiding over Breukelman en de bijbelvertaling is te vinden bij Y. Bekker e.a. (red.), *Gesprekken met Frans Breukelman*, Den Haag 1989.

Hoewel de temperamenten van de eerste en de laatst genoemde behoorlijk uiteenliepen, versterkten de ideeën van de drie geleerden over bijbelvertalen elkaar wel, en dat resulteerde in de kring van hun leerlingen en medewerkers in radicale opvattingen inzake de richting waarin het bijbelvertalen zich zou moeten kunnen ontwikkelen.

Aleida G. van Daalen

In dit oecumenische klimaat van goede wil en in deze ambiance van uitgesproken kritische houding ten opzichte van de Nieuwe Vertaling 1951 kwam het verzoek aan dr. Aleida G. van Daalen, de docente bijbels Hebreeuws aan de Universiteit van Amsterdam (1922-2000), om mee te werken aan het proefproject voor een Gemeenschappelijke (lees interconfessionele) Bijbelvertaling. Zij berichtte daarover najaar 1967 in het door Beek opgerichte Amsterdamse werkgezelschap van hebraïsten en semitisten, de Societas Hebraica Amstelodamensis (SHA). Samen met prof. B.P.M. Hemelsoet (1929-1999) van de Katholieke Theologische Hogeschool Amsterdam had zij een 'concordante' proefvertaling van Jona 1 gemaakt, terwijl prof. dr. C.H.W. Brekelmans van de Theologische Faculteit Tilburg voor een vrijere vertaling en de hele commissie ad hoc voor een compromisvertaling van hetzelfde hoofdstuk had gezorgd. Omdat de SHA aannam dat de compromisvertaling de richting van de Gemeenschappelijke Bijbelvertaling zou bepalen, verzocht het gezelschap het Nederlands Bijbelgenootschap (NBG) en de Katholieke Bijbelstichting (KBS) om ook een 'concordante' vertaling te honoreren. Daarop werd voorzichtig positief gereageerd.

De werkzaamheden voor de ('dynamisch-equivalente') Gemeenschappelijke Bijbelvertaling die begonnen waren in 1967, werden voortgezet, maar strandden in 1975. Spronk somt organisatorische redenen op als oorzaken van het afbreken ervan, waaronder het feit dat het moeilijk was 'de gang' erin te houden, nu de vertrouwde aanpak van academici die het bijbelvertalen naast hun gewone taken deden niet meer werkte, maar ook speelden uiteenlopende belangen van NBG en KBS een rol.[4]

Na de proeven met het bijbelboek Ruth (twee vertalingen – een ' concordant' en een in 'omgangstaal' – in 1974) is het vertaalwerk in de kring van de SHA voortgezet al was men er niet voor vrijgesteld zoals de Statenvertalers en de vertalers van de Nieuwe Bijbelvertaling later. De leden van een, later twee vertaalgroepen kwamen bij elkaar 'in de eigen tijd', waardoor het vertaalproces van een betrekkelijk klein aantal boeken zich uitstrekte over vele jaren. Werken met twee vertaalgroepen betekende dat ook grotere boeken (Richteren, Genesis, Jozua) werden aangepakt. Een overzicht van de (tot nu toe) tien uitgaven met bijbehorende toelichtende literatuur uit onze kring is bij deze bijdrage opgenomen.

II. Een vertaling om voor te lezen: kenmerken, ontwikkelingen, kritiek

Kenmerken

Stellingen en Richtlijn van Maria de Groot

In de discussie over de plannen voor een Gemeenschappelijke Bijbelvertaling formuleerde in 1970 neerlandica en theologe Maria de Groot een aantal stellingen en een richtlijn. Die zijn voor de SHA van blijvende waarde gebleven. We lichten er een paar citaten uit:

'De bijbel is een corpus van boeken die genetisch-temporeel verschillen, maar materieel bij elkaar horen. Hun overlevering als corpus = biblia = boeken = bijbel bevestigt hun samenhang.' (Stelling I)

'De betekenissamenhang in de bijbel zou men schriftuur kunnen noemen. Deze schriftuur (benaming geïnspireerd door ketubim, heilige schrift e.d.) is joods van signatuur. De schriftuur manifesteert zich materieel in de textuur (weefsel) van letters, lettergrepen, woorden, woordenreeksen etc.' (Stelling VI)

Met een concordante of liever idiolecte vertaling (die het idioom van elk bijbelboek en van de Bijbel in zijn geheel tot zijn recht laat komen) kan men 'lernen', d.w.z. de joodse traditie van de omgang met de joods-christelijke schriftuur voortzetten en de inzichten omzetten in eigentijdse textuur en praxis. (Stelling XIII, gewijzigd)

'Is een selektie uit de interpretatieve mogelijkheden op vertaal-technische gronden onontkoombaar, dan kan men dit in een noot bij de tekst verantwoorden. Men ontneemt de lezer dan niet de mogelijkheid om te 'lernen'.'(Stelling XVIII).

'De bijbelteksten zijn weinig of niet redundant, d.w.z. er zijn geen overbodige elementen in de tekst. (...) Hieruit volgt: elk woord is funktioneel en in principe theologisch relevant. En: de vertaling zal evenmin redundant moeten zijn. (...)' (Stelling XIX)

'*Het karakter van de vertaling* wordt bepaald door de grondtekst. Het conglomeraat van teksttypen in het oorspronkelijk corpus zal ook de vertaling als tekst karakteriseren. (...) De kenmerken van de oorspronkelijke textuur zoals stijl, woordherhalingen, sleutelwoorden, parallellismen e.d. worden genoteerd, zodat de semantische samenhangen van de schriftuur bij de vertaling niet worden verstoord. (...) Etymologiserend vertalen behoeft niet in principe te worden afgewezen. (...) Semitismen in het Nieuwe Testament behoeven daarom niet te worden vermeden.'

'Het doel van de vertaling is om een bijbel tot stand te brengen in goed en begrijpelijk Nederlands, waarmee de lezer kan 'lernen' en die voor de kerken liturgisch bruikbaar is. (...) De leesbaarheid van de vertaling mag niet meer bemoeilijkt worden dan de originele tekst zelf voorschrijft. (...) Kontakt tussen de dichters en neerlandici onderling is aanbevelenswaardig.'[5]

Omslag van *Prediker* קהלת, *Hebreeuwse tekst en Nederlandse vertaling*, (2008).
Ontwerp: Steven van der Gaauw; illustratie: Lika Tov (Jeruzalem, Israël).

Het belang van de concordantie

Sinds Buber-Rosenzweig probeerden om woorden/woordstammen steeds met eenzelfde Duits equivalent weer te geven – en daardoor de gevoeligheid van de lezer voor gelijke klanken en hun boodschap van woordspel en herhaling (de 'Leitwortstil') te verhogen – speelt de concordantie een grote rol bij vertalers die in hun voetsporen gaan. De concordantie (in dit geval: de alfabetische totaallijst van woorden in de Bijbel met vindplaatsen; zie ook www.bijbelvertaling.nl) immers verschaft ons de gegevens om herhaling en gelijk gebruik van woorden en woordstammen te ontdekken. De Hebreeuwse teksten laten zich langzaam en slechts met veel geduld ontsluiten. Het zijn niet-redundante teksten (zie stelling XIX), hetgeen zich laat combineren met de rabbijnse inzichten omtrent de zinvolheid van ieder woord en iedere letter; de uiterste eerbied voor de geschreven tekst is een prioriteit, die door godsdienstige, maar ook door literaire motieven bepaald kan zijn.

Toch is de concordantie van relatieve waarde. Hoewel wij immers overtuigd zijn dat we attent moeten zijn op de boodschap die kan liggen in eenzelfde woordgebruik, betekent dat niet dat in het Nederlands in alle gevallen hetzelfde woord gebruikt kan worden. Dat laatste hebben wij ook bij *Prediker/Kohelet* verschillende malen gemerkt. Daarom stelden we dat het ons gaat om het concordante woordgebruik – zo veel als in het Nederlands mogelijk – en daarbij trekken we onze grenzen vaak ruimer dan bij de gangbare vertalingen. In dit opzicht is er geen absoluut verschil dat ons scheidt van de Nieuwe Bijbelvertaling.

Idiolect

Maria de Groot schreef in haar 'Concept voor een Richtlijn' onder andere: 'Een concordans is een apparaat dat buiten de bijbel als hulpmiddel bestaat (...) daarom is de uitdrukking "concordante vertaling" niet gelukkig.' Daarom was haar voorstel om onze vertalingen als 'idiolect' te karakteriseren. Idiolect is een algemeen gangbare term om de eigen aard van een spreker aan te duiden (onderscheiden van, bijvoorbeeld, sociolect, waarbij de sociale context bepalend is voor een spraakgebruik). Maria de Groot muntte het woord voor ons, afgeleid als het woord wordt van *idion* en *legein* (het eigene, zeggen/spreken). De nadruk bij ons ligt op het verwoorden van het typerende en typische van de grondtekst, waaronder woordherhaling, ritme en woordspel. Deze term verdient dan ook de voorkeur boven concordant (een aanduiding die zonder meer wel geldt voor de woord-voor-woord-vertaling van A.S. Koster). Idiolect betekent niet 'woord-voor-woord', ook niet dat de woordvolgorde van het Hebreeuws in alle gevallen gevolgd wordt.

Kolometrie

Wel een absoluut verschil is de wijze van presentatie van de (proza-)tekst in NBV en SHA (en bij de 'medestanders' Koster, Oosterhuis/Van Heusden, Oussoren).

Buber was er van meet af aan van overtuigd dat er bij een 'Verdeutschung' van de Schrift geprobeerd moest worden om van het *geschreven* woord naar het oorspronkelijk *gesproken* woord terug te gaan. Daaruit volgde voor hem dat de tekst van de vertaling 'in te delen was in natuurlijke, door de wetten van de menselijke adem bestuurde, naar de zin afgesloten spreekeenheden, de zogenoemde kola [van Gr. koolon, lid] – vandaar de benaming 'kolometrie' voor de typografische rangschikking. En elke kolon vormt een ritmisch geordende eenheid die makkelijk uit te spreken en makkelijk te herkennen is (...)'.

Onthullend is dan Bubers opmerking over het feit dat Rosenzweig hem nooit tegensprak als het om de kolometrische indeling van de tekst ging. '"Ik zou geen kolon tot stand kunnen brengen" placht Rosenzweig te zeggen.'[6] Met deze laatste uitspraak maakte Buber ook duidelijk hoe subjectief de zaak van de kolometrie was.

Omdat we de achterliggende gedachte van de voordraagbaarheid delen, hebben we Bubers idee van de typografische indeling in kola gevolgd in onze uitgaven. We waren ons bewust dat de 'ademeenheden' nogal subjectief werden en worden vastgesteld. Zowel in de uitgave van *Prediker/ Kohelet* als bij de voorbereiding van de vertaling van *Jozua* hebben de vertaalgroepen getracht zich te voegen naar de scheidende en verbindende masoretische accenten. De accenten hebben immers zowel een muzikale als een syntactische betekenis en geven aldus belangrijke aanwijzingen voor de voordracht en de exegese van de tekst. Hoewel we ons daarbij verlaten op een (relatief) late traditie, hebben die masoretische gegevens wel oudere papieren dan die van de oudste complete codex. Daarmee is dan de subjectiviteit van vertalers min of meer uitgebannen.

Beek formuleerde het kort en bondig: 'Het gaat in de vertaling om de hoorbaarheid van datgene wat gelezen en herlezen wordt. De lezer moet de gelegenheid krijgen het thema en de structuur van een vertaal-eenheid te herkennen. Al vertalend vragen we ons voortdurend af: klinkt datgene wat wij in de oertekst horen in de oren van de toekomstige hoorders mee, zullen ook zij verstaan wat wij horend menen begrepen te hebben?' [7]

Ontwikkelingen

Godsnaam

De vierletterige Godsnaam is in de eerste SHA vertalingen met JHWH weergegeven, daarmee de Biblia Hebraica half navolgend. Maar de praktijk leerde dat men bij de voorlezing de naam niet onuitgesproken liet, maar de consonanten vocaliseerde.

Daarom schreven de vertalers in 1982 in het voorwoord van *Richteren, een vertaling om voor te lezen* : 'Voor een Nederlandse weergave van de Godsnaam [JHWH] kieze men: "Heer". Graag willen we dat opnieuw onderstrepen. De zgn. wetenschappelijke uitspraak is niet alleen in joodse oren een gruwel, maar ook om redenen aan de bijbel zelf ontleend onmogelijk.'

Omwille van 'de hardheid des harten' werd echter vanaf 1986 in de tekst van *Amos, Obadja, Jona* de vierletterige godsnaam met het equivalent van *Adonai*, 'HEER' in druk weergegeven. Deze keuze was voor Maria de Groot een te 'mannelijke', zodat zij de samenwerking met de vertaalgroep van de SHA verbrak.

De 'SHA-vertaalgroep Jozua' heeft zich opnieuw bezonnen op de weergave van het tetragrammaton en is teruggekeerd tot de – niet uit te spreken – vier letters JHWH, waarvan Willien van Wieringen verantwoording aflegt in het laatst verschenen deel van de Amsterdamse Cahiers.[8]

Tweetalige uitgaven

In de serie 'Een vertaling om voor te lezen' is misschien wel een van de belangrijkste ontwikkelingen geweest het besluit om in 1998 de serie te vernieuwen door Hooglied uit te brengen in een tweetalige uitgave: met Hebreeuws op de linker en Nederlands op de rechter pagina. *Hooglied* werd gevolgd door *Genesis* (1999), *Richteren* (2001) en *Prediker* (2008). Een tweetalige uitgave vergemakkelijkt voor de ingevoerde lezer de vergelijking van de vertaling met de primaire Hebreeuwse tekst en maakt de cultuurgebondenheid van de tekst overduidelijk.

De Godsnaam in Pidgin (Kameroen)

Het liturgisch gebruik weegt zwaar. Zo ervoer een van ons dat in Kameroen, waar in de gebeden in het Pidgin God als 'Papa God' wordt aangesproken.[9] De redacteuren van *The Book of Ruth*, een vertaling in het Engels en Pidgin volgens 'de SHA principes', schrijven in hun voorwoord: 'We wanted to maintain the difference between the Hebrew *'Elohim'* and *JHWH* (English 'God' and 'Lord'), but considered the Pidgin *masa* for Lord as less suitable. Therefore, we decided to translate the former with 'God' and the latter, which is more intimate, with 'Papa God'.'

Hun vertaling van Ruth 2:4 luidt:

And behold, Boaz came from Bethlehem.
And he said to the reapers:
'The Lord is with you.'
And they said to him:
'The Lord blesses you.'

En in Pidgin, de lingua franca van de Afrikaanse Westkust, maar met een minder grote woordenschat dan het Engels:

An siam! Boaz komot fo Bethlehem kam fo fam.
E tok fo de wok pipul sei:
'Papa God dei witi wuna.'
An dem tok fo yi sei:
'Papa God bless yu.'

De tweetaligheid selecteert ook de doelgroep van lezers. Dat worden de mensen die de tekst niet alleen willen lezen, maar ook bestuderen. Is dit niet strijdig met de doelstelling dat de tekst een tekst is om voor te lezen? Goed voorlezen is alleen mogelijk als men de tekst van tevoren bestudeerd heeft.

Kritiek

Optisch bedrog?

Hoewel we ons door Jan Fokkelman niet aangesproken weten door het voorbeeld van een karikaturaal aandoende vertaling van Lineke Buijs en Marianne Storm[10] ('Maak je vader en je moeder zwaar', in plaats van 'Eer uw vader en uw moeder', wegens het werkwoord en de stam 'gewicht' in letterlijke en figuurlijke zin), staan we wel stil bij de kritiek die Fokkelman aan het voorbeeld vooraf laat gaan:

'Het idiolecte streven berust op een vorm van optisch bedrog: de enige mensen die het (schijnbaar) tekstgetrouw karakter van zo'n weergave kunnen waarnemen en eventueel waarderen behoren tot die kleine groep die de grondtaal kent (...) En de mensen die zijn aangewezen op een vertaling kunnen per definitie niet waarnemen, laat staan waarderen, in hoeverre een idiolecte weergave de grondtekst dekt of recht doet. Dit soort van heel letterlijk vertalen is een blindganger.'[11]

De onbevangen lezer zou meer en minder in de vertaling kunnen vermoeden dan er door de vertalers in is gelegd. Dat is zonder meer juist. Daarom lijkt het aanbevelenswaardig dat iemand die thuis is in het Hebreeuws met de nieuwe lezer meeleest, hem/haar voorleest, en wijst op verschillen en overeenkomsten. Zo wordt dan duidelijk hoe wij *poogden* om het origineel in zeggingskracht op te roepen – maar dat in de typografie niet extra aangaven, zoals in Richteren 16:23v :

Natan eloh*enoe*	In *onze* hand
be-jad*enoe*	gaf *onze* God
et ojev*enoe*	*onze* vijand
w-et machariev arts*enoe*	de verdelger van *ons* land
wa-asjer hirba et-chalal*enoe*	die zovelen van *ons* velde

De zinsbouw wijkt in onze vertalingen ook nogal eens af van wat in gangbaar Nederlands verwacht wordt, maar als de oorspronkelijke Hebreeuwse volgorde in een aantal gevallen strikt gevolgd wordt, is dat omdat de kracht van het origineel ons daartoe verplicht. Dat geldt zeker voor chiasmen ('kruisstellingen') en opnieuw is dat ook een kwestie van goed lezen en goed voorlezen (Richteren 5:17):

> Aser zat *aan het strand der zeeën*
> *aan zijn baaien* hield het verblijf

In het Nederlands hebben we geprobeerd om 'analogieën' te scheppen, zoals Buber ook voor ogen stond: geen reproductie van het Hebreeuws in 'ander materiaal', maar corresponderende, analoge vormen creëren in een andere taal die zijn eigen wetten heeft.

Om inzicht in opbouw en boodschap van de vertaling te verkrijgen is deskundige mondelinge toelichting geen voorwaarde, maar kan wel helpen.

Archaismen

Peter Booij heeft indringend de twee wijzen van vertalen (SHA en NBV) vergeleken aan de hand van een paar verzen uit het boek Amos.[12] Rond 1985 werkte Booij mee in SHA-verband aan *Amos. Een vertaling om voor te lezen* en twintig jaar later had hij een leidende rol in het vertaalproces van de NBV. Bij beide projecten was hij van harte betrokken. Hij probeert de twee vertalingen op een evenwichtige manier naast elkaar te plaatsen, mede aan de hand van doel en uitgangspunten van beide vertalingen. Zijn kritische opmerkingen wat de SHA-vertaling betreft zijn bij ons blijven hangen. Zo wees hij zeer terecht op archaïsmen, zoals in Amos 7:1, waar in de SHA-vertaling sprake is van 'het nagras na de afmaaiing des *konings*'. We weten allen dat het om een antieke tekst gaat – hoewel velen dat niet schijnen te beseffen – maar dat hoeft niet in archaïsmen geuit te worden.

Een ander punt was zijn vermaning nog eens goed na te denken over 'zin en onzin van de kolometrie'. In ander verband komen we daar graag op terug.

III. De SHA-vertaling in perspectief

Wij weten allen hoe gevarieerd het aanbod aan bijbelvertalingen in Nederland anno 2009 is geworden – inclusief de proeven van de Bijbel in streektalen. De Nieuwe Bijbelvertaling springt daar uit.

De Nieuwe Bijbelvertaling – en kritiek

In tegenstelling tot 40 jaar geleden toen het project van de Gemeenschappelijke Bijbelvertaling ten onderging in organisatorische en andere problemen beschikken we nu over een Nieuwe Bijbelvertaling – een project dat door omvang en aanpak zich niet laat vergelijken met enig andere actuele bijbelvertaling in Nederland. Met een ongekende variëteit aan uitgaven, inclusief een tweetalige joodse uitgave met licht aangepaste tekst. Medio 2009 zijn van de NBV één miljoen exemplaren verkocht.

De NBV sloeg een geheel andere weg in - brontaalgetrouw en doeltaalgericht volgens het eigen parool - maar had wel oog voor de liturgische aspecten (met een eigen commissie) en de eigen rol van dichters en neerlandici.[13]

Bij de NBV zijn door SHA-leden en anderen serieuze vragen gesteld, zoals R. Zuurmond e.a. in de bundel *De beproeving*, Kampen 2005, en Karel Deurloo en Nico ter Linden in *Het luistert nauw. De Nieuwe Bijbelvertaling nader bekeken*, Amsterdam 2008. En opnieuw in deze bundel. In het najaar van 2009 starten de laatstgenoemden met een eigen website: www.bijbelvertalen.nl.

In februari 2009 hebben de bijbelgenootschappen de kerken benaderd met mededelingen over reeds doorgevoerde lichte correcties en de planning van een revisie in uiterlijk 2016. In de tussentijd kan men op www.nbv.nl zien welke correcties er worden voorgesteld, respectievelijk worden overwogen op www.voederbak.nl.

Medestanders

Ook in tegenstelling tot 40 jaar geleden is het feit dat we nu omringd worden door medestanders ieder met zijn eigen indrukwekkende productie. Alle drie vertalingen 'idiolect', omdat ze alle drie het eigene van de brontekst primair stellen. De eerste zouden we ook als concordant willen typeren.

In de eerste plaats zijn er de woord-voor-woord vertalingen van Albert Koster sinds 1991, inmiddels opgenomen in *De Hebreeuwse Bijbel* (Eindhoven 2006) op CD-ROM.

In de tweede plaats kwam Pieter Oussoren met *De Naardense Bijbel* in 2004, juist voorafgaand aan de NBV uitgebracht. Nu heeft hij dit voorjaar een ander omvangrijk boek aan toegevoegd: *Buiten de Vesting. 40 apocriefe en deuterocanonieke geschriften*, Ruinerwold 2009.

Bij alle waardering (en bewondering) voor beide projecten is ons bezwaar bij Koster dat de concordantie een overheersende rol speelt, terwijl bij Oussoren met name de vertaling van de werkwoordelijke tijden voor ons een struikelblok vormt.[14] In wording is het gewaardeerde vertaalproject van Huub Oosterhuis en Alex van Heusden waarvan verschenen: *Genesis* (1999), *Exodus* (2001), *Numeri* (2004) en *Lucas* (2007). Doelstelling: 'Er is naar gestreefd om literaire verbanden en elementen van herhaling uit de grondtekst zo veel mogelijk te behouden en zichtbaar te maken.' Voor de aantekeningen hebben de vertalers gebruik gemaakt van de Tora-vertaling van Everett Fox (die Buber-Rosenzweig in het Engels navolgde).[15]

Het vertaalwerk van de SHA

We zijn voornamelijk praktisch bezig geweest; reflectie en verantwoording daarvan vonden hun weg in artikelen en boeken, veelal in de *Amsterdamse Cahiers*. Een summiere opgave daarvan vindt men hieronder. Misschien hebben we ons te weinig bewogen op vertaaltheoretisch gebied. Toch heeft Rochus Zuurmond daartoe aanzetten gegeven, bij voorbeeld in zijn kritische bespreking van het werk van E.A. Nida, (*Om voor te lezen - Miqra*, 151-158) en zijn opmerkingen over 'Goed vertalen' (*De Beproeving*, 33-64).

Onze idiolecte vertaling om voor te lezen is geboren uit protest tegen een te vrije vertaling en als een pleidooi voor een 'letterlijke' vertaling. De prioriteit lag en ligt bij de brontekst, de doeltaal is in tijd en in rangorde secundair. Dat wordt nu ook zichtbaar in de tweetalige uitgaven van de vernieuwde serie *Een vertaling om voor te lezen* (sinds 1998). Ook degene die geen Hebreeuws beheerst, wordt zo gedwongen zich te realiseren dat de vertaling maar een *vertaling* is.

We hebben niet het idee (ook niet gehad) dat we in ons tempo de hele Bijbel zouden vertalen. We beschouwden en beschouwen onze vertalingen als *proeven* van vertaling – kritisch en constructief.

De Serie ' Een vertaling om voor te lezen' (SHA)

Alle uitgaven verschenen hetzij 'op verzoek van', hetzij mede namens de Societas Hebraica Amstelodamensis bij het Nederlands Bijbelgenootschap in samenwerking met de Katholieke Bijbelstichting.
In elk woord vooraf wordt melding gemaakt wie verantwoordelijk zijn voor de onderhavige vertaling: leden (en enkele niet-leden) van de Societas Hebraica Amstelodamensis, onder wie ook drie neerlandici.

1. *Ruth. Een vertaling om voor te lezen*, Amsterdam/Boxtel, 1974, Obl. 26 p., layout: Anne Metz. Gelijktijdig verscheen: *Ruth. Opnieuw vertaald*, Amsterdam/Boxtel 1974.
2. *Jona. Een vertaling om voor te lezen*, Amsterdam/Boxtel 1977, Obl. Ongepag.
3. *Richteren. Een vertaling om voor te lezen*, Amsterdam/Boxtel 1982, 1984 (2e dr.), 65 p.
4. *Amos, Obadja, Jona. Een vertaling om voor te lezen*, Haarlem/Boxtel 1986, 40 p. *Jona* revisie van nr. 2.
5. *Richteren. Ruth. Een vertaling om voor te lezen*, Haarlem/Boxtel 1988, 96 p. Revisie van nr. 3 en nr. 1.
6. *Micha. Een vertaling om voor te lezen*, Haarlem/Boxtel 1991, 24 p. *Tweetalige uitgave. Vernieuwde serie* (Met omslagillustraties van Lika Tov)
7. *Hooglied.* שיר השירים. *Hebreeuwse tekst en Nederlandse vertaling. Een vertaling om voor te lezen*, Haarlem 1998, 1e dr., 2e dr.; 2008, 3e dr., 47 p. [Serie: Een vertaling om voor te lezen].
8. *Genesis.* בראשית. *Hebreeuwse tekst en Nederlandse vertaling*, Haarlem 1999, 374 p. [Serie: 'Een vertaling om voor te lezen'].
9. *Richteren.* שפטים. *Hebreeuwse tekst en Nederlandse vertaling*, Haarlem 2001, 179 p. [Serie: 'Een vertaling om voor te lezen']. Revisie van nr. 5; Verschenen bij het 40-jarig bestaan van SHA.
10. *Prediker.* קהלת. *Hebreeuwse tekst en Nederlandse vertaling*, Haarlem 2008, 68 p. [Serie: 'Een vertaling om voor te lezen'].

Voortzetting

Na een bespreking met de uitgever in Heerenveen begin 2009 is besloten om het vertaalwerk voort te zetten, enerzijds te zien dat de vertaling van Jozua door de ene SHA-groep in druk gaat verschijnen (voorjaar 2010?). Dit dringt nu meer, daar *Amsterdams Cahier* 24 (*ACEBT*) over Jozua dit voorjaar uitkwam (2009), inclusief de genoemde bijdrage van Willien van Wieringen over enkele vertaalbeslissingen van deze groep. Verder wordt het werk aan de vertaling van Ezechiël in deze groep voortgezet.

De andere groep heeft na de uitgave van *Prediker/Kohelet* (2008) in principe besloten om in het najaar van 2009 het vertaalwerk te continueren met de revisie van enkele kleinere bijbelboeken, mogelijk om te komen tot een uitgave van de Megillot.

Ook in de herfst van 2009 wordt onderzocht welke mogelijkheden de Dirk Monshouwerstichting voor Bijbelse theologie, het Nederlands Bijbelgenootschap, respectievelijk de Katholieke Bijbelstichting kunnen bieden voor het wijder bekend maken van het SHA-vertaalwerk.

---

1 K. van het Reve in een recensie over een vertaling van Erasmus' *Lof der Zotheid*, vertaald door A. Dirkzwager en A.C. Nielson (1986) (*NRC*, 6 november 1986, Erasmus-bijlage, 2).

2 M.A. Beek, *Wegwijzers en wegbereiders. Een halve eeuw oudtestamentische wetenschap*, Baarn 1975, 24-35.

3 M.A. Beek, 'Martin Buber als bemiddelaar', in: *Wending, Maandblad voor evangelie en cultuur*, 18 (1963) 511-516.

4 Klaas Spronk, *Het verhaal van een vertaling. De totstandkoming van De Nieuwe Bijbelvertaling*, Heerenveen 2005, 22-29.

5 Uit Maria de Groot's 'Twintig Stellingen' en 'Concept voor een richtlijn', opnieuw afgedrukt in: Hanna Blok e.a., *Om voor te lezen – Miqran* (*ACEBT*, Supplement series 4), Maastricht 2005, 63-71.

6 Geciteerd in: Franz Rosenzweig, *Sprachdenken*. Dordrecht 1984, xii.

7 M.A.Beek, *Uit het Hebreeuws in het Nederlands, de uitdaging aan de Bijbelvertalers*, Haarlem 1973, 20.

8 Willien C.G. van Wieringen, 'Over tijd, ruimte, God, mens, erven en het lezen van de Schrift', in: P.J. van Midden (redactie), *Jozua* (*ACEBT* 24),Vught 2009, 38v.

9 Zie Werner Pieterse & Marceline Yele (eds.), *The book of Ruth, a translation in English and Pidgin with clarifying notes and articles*, Kumba (Kameroen) 2005.

10 Lineke Buijs en Marianne Storm, *Tora. De onderwijzing van Mosje*, Amsterdam 1994.

11 Jan Fokkelman, *Vertelkunst in de bijbel. Een handleiding bij literair lezen*, Zoetermeer 1995, 45v.

12 Peter Booij, 'Twee wijzen van vertalen: Over het boek Amos in Een vertaling om voor te lezen en in De Nieuwe Bijbelvertaling', in: *Om voor te lezen – Miqra,* Maastricht 2005, 27-34.
13 Zie Klaas Spronk, *Het verhaal van een vertaling. De totstandkoming van De Nieuwe Bijbelvertaling,* Heerenveen 2005.
14 Zie ook K.A.D. Smelik, in: *De Naardense Bijbel,* Vught 2004, 1642.
15 Zie de vroege publicatie hierover: Everett Fox, 'A Buber-Rosenzweig Bible in English', in: *ACEBT* 2 (1981) 8v. Zijn vertaling van de Tora (Everett Fox, *The Five Books of Moses,* New York 1989; en eerdere deeluitgaven) wordt ook in de Derde Wereld gebruikt, zoals in de jaren '80 aan het seminarie in Kumba (Kameroen) en in het theologisch onderricht aan gemeenteleden in Zambia (Bart J. Stobbelaar, *The Yosef Cycle,* Amsterdam 2009; met advies van o.a. Karel A. Deurloo; project van de Doopsgezinde Zending).

Literatuur

Algemeen

Martin Kessler, 'Introduction', in: Martin Kessler, *Voices from Amsterdam. A Modern Tradition of Reading Biblical Narrative,* Atlanta, Georgia 1994, ix – xxiv.

Piet van Midden en Karel Deurloo, 'De Bijbel op zijn Amsterdams', in: Klaas Spronk e.a. (redactie), *De Bijbel vertaald. De kunst van het kiezen bij het vertalen van de bijbelse geschriften,* Zoetermeer 2007, 165-179.

Jopie Siebert-Hommes, 'De "Amsterdamse School"', in: P.J. Knegtmans e.a. (redactie), *Theologen in ondertal. Godgeleerdheid, godsdienstwetenschap, het Athenaeum Illustre en de Universiteit van Amsterdam,* Zoetermeer 2003, 177-196.

Klaas Smelik, 'Idiolect, concordant of doeltaalgericht? Bijbelvertalen in het jaar 2004', in: *De Naardense Bijbel,* Vught 2004, 1632-1642.

Bij de uitgaven van SHA

Bij Nr. 3: Hanna Blok e.a., *Geen koning in die dagen. Over het boek Richteren als profetische geschiedschrijving,* Baarn 1982.

Bij Nr. 4: K.A. Deurloo, *Jona* (Verklaring van de Hebreeuwse Bijbel), Baarn: Callenbach, 1995.

Bij Nr. 7: In Utrecht vond van 9-19 mei 1998 - mede op initiatief van Henk Heikens - het 'Hoogliedfestival' plaats met o.a. de eerste uitvoering van 'De Hoogliedcantate', met muziek van Henk Alkema, waarbij hij gebruik maakte van de SHA-vertaling (*Meer dan wijn,* DISCODOM 0404).

Bij nr. 8: *Nog dichter bij Genesis. Opstellen over het Eerste Bijbelboek voor Karel Deurloo,* Baarn 1995.

Bij Nr. 9: J.W. van Dyk e.a., *Richteren* (*ACEBT*, Cahier 19), Maastricht 2001.
Bij nr. 10: G.J. Venema (red.), *Prediker* (*ACEBT*, Cahier 21), Maastricht 2004.
Klaas Spronk, 'Aan het maken van vele vertalingen is geen einde: Kohelet in drie recente Nederlandse bijbelvertalingen [SHA,NB,NBV]', in: *Om voor te lezen – Miqra*, Maastricht 2005, 121-128.
Een selectie van de vertalingen werd voorgelezen door Machteld van Woerden en op band opgenomen bij de Christelijke Blindenbibliotheek in Ermelo. Met medewerking van J. Boendermaker en F.J. Hoogewoud.

Drs. F.J. (Frits) Hoogewoud studeerde theologie aan de Universiteit van Amsterdam en Hebreeuwse Bijbel aan de Hebreeuwse Universiteit in Jeruzalem, en was van 1972–2005 verbonden aan de Bibliotheca Rosenthaliana. Hij is secretaris van de Societas Hebraica Amstelodamensis (SHA) en lid van de vertaalgroep SHA.

Drs. A. Blokker studeerde theologie aan de Universiteit van Amsterdam en was van 1984-1994 o.a. docent Oude Testament aan het Theological College Nyasoso/Presbyterian Theological Seminary Kumba van de Presbyterian Church in Kameroen. Vanaf 1996 is hij predikant PKN te Zijpe en Callantsoog. Hij is tevens lid van SHA en van de vertaalgroep SHA.

De heks die geen heks was

Genderaspecten bij het vertalen van de Bijbel

Willien van Wieringen

Je hebt de Bijbel in het Hebreeuws of Grieks (en een beetje in het Aramees) en de Bijbel in het Nederlands. En beide zijn ze waar, terwijl ze toch verschillen – en dat niet alleen in taal. Al heette het televisieprogramma waarin Aart Staartjes las uit de Bijbel 'Woord voor woord', het is een illusie te denken dat de Bijbel werkelijk woord voor woord is te vertalen. Pieter Oussoren heeft met de Naardense Bijbel een één-op-één-vertaling willen maken, en in dezelfde periode was Albert Koster bezig met zijn concordante vertaling. In de praktijk blijkt weliswaar dat een letterlijke vertaling recht doet aan een tekst op het oppervlakteniveau, maar niet aan diverse lagen die onder die talige oppervlakte liggen. Daarvoor liggen de werelden van de tekst in de oorspronkelijke taal en van de tekst in de vertaling te zeer uit elkaar in tijd, sociale context, manier van lezen etcetera. Vertalen is verraden. Dit adagium is en blijft waar. Pleeg je als vertaler geen verraad aan de tekst in de grondtaal, dan is het wel aan de doeltaal of aan de eisen die je als vertaler jezelf hebt opgelegd.

Een van de lagen die onder de talige oppervlakte liggen is die van genderaspecten en de vrouw-man-verhouding die in een tekst zichtbaar kan worden. Genderaspecten zijn elementen die onder meer te maken hebben met de wijze waarop in een verhaal personages via stereotypering in de beschrijving gestalte kunnen krijgen (zoals de vrouwen in een liefdesromannetje vaak mooi zijn, terwijl de mannen beschikken over een wilskrachtige kin), maar ook met wat vrouwen in een verhaal doen en laten, of hoe ze kunnen worden 'weggewerkt' in een vertaling via exclusief vertalen, of juist in een tekst worden gebracht door inclusief vertalen. Ook dat u waarschijnlijk meer bent gewend aan de volgorde 'man-vrouw' dan 'vrouw-man' mag tot illustratie van een genderaspect dienen.

Een schrijver heeft te maken met genderkeuzes die zij moet maken, een tekst kan genderaspecten laten zien die er bewust of onbewust ingebracht zijn, een lezer kan al dan niet letten op elementen die te maken hebben met gender.

En een vertaler moet zich bij zijn werk bewust zijn van de mogelijke genderkeuzes van een schrijver en van genderaspecten in een tekst, om de lezer van de vertaling zo dicht mogelijk bij de oorspronkelijke tekst te brengen.

Deze bijdrage staat stil bij genderaspecten en vertalen, ook wel bekend als inclusief en exclusief vertalen. Mijn doel hierbij is dat u, lezer en gebruiker van bijbelteksten, met een gezond portie wantrouwen een vertaling ter hand zult nemen, en bij twijfel óf de grondtekst erbij neemt óf – als u de grondtaal niet machtig bent – een tweede vertaling erbij pakt om te pogen erachter te komen hoe dicht de Nederlandse vertaling bij de oorspronkelijke tekst staat. Om zo dichter bij de boodschap van de Bijbel te kunnen komen. Maar eerst volgt een introductie van de term *gender*.

Van feministisch naar gender

Er is een ontwikkeling te zien in de manier waarop gekeken wordt naar stereotyperingen in teksten. De term 'gender' is daar een exponent van. Werd er tot halverwege de jaren negentig vooral gesproken over feministisch en feministisch perspectief, tegenwoordig is 'gender' de term om te verwijzen naar sekseverschillen. Het is enerzijds een ontwikkeling in emancipatoire zin: de barricaden die de vrouwen beklommen om op te komen voor de rechten die hun werden ontzegd op basis van hun sekse zijn grotendeels verlaten. Anderzijds is het een beweging die laat zien dat het bewustzijn is gegroeid dat ongelijkheid niet (alleen) terug te voeren is op biologische verschillen, maar meer nog op beeldvorming. Het verschil dat wordt gemaakt tussen vrouwen en mannen is veelal gebaseerd op vooronderstellingen en niet op genetische bepaaldheid. De term 'gender' deed zijn intrede om dat verschil te benoemen. Toen de term net in zwang was, kon je nog gekscherend vragen: 'heb je het of ben je het?' Tegenwoordig is er consensus dat 'gender' duidt op het beeld van mannelijkheid en vrouwelijkheid dat leeft, en dat de term 'sekse' slaat op de biologische verschillen tussen vrouw en man. 'Gender' en 'sekse' kunnen op hetzelfde betrekking hebben (iemand gedraagt zich naar het beeld dat de maatschappij van haar heeft en van haar verlangt), tegelijkertijd is 'gender' een categorie die inhoudelijk kan schuiven in de loop van de tijd. Een vrouw blijft een vrouw, maar wat een 'échte' vrouw gevonden wordt, is afhankelijk van de invulling die mensen hieraan geven. Wat in de jaren '50 als ideaalbeeld werd gezien, verschilt van de ideale vrouw van nu. Het Noord-Brabants Museum presenteerde in de eerste helft van 2009 een tentoonstelling over 'de ideale vrouw', waarin de verschuivingen in de beeldvorming van vrouwen gedurende enkele eeuwen zichtbaar werden, maar die ook liet zien dat sommige karakteristieken hardnekkig zijn. De ideale vrouw was/is: trouw, vruchtbaar, mooi, wijs, huiselijk en vroom.

De verwachtingen zijn veranderd, het genderaspect is daarmee anders ingevuld. De breiende vrouw was in de jaren '50 een nijvere huisvrouw, in de jaren '70 kon je haar tegenkomen in een vergadering en in de jaren '80 is zij langzaamaan verdwenen. De breiende man heeft het nooit gehaald in het beeld van het dagelijks leven (Wellicht dat de economische recessie de breiende mens doet terugkeren!).

De verschuiving is ook te illustreren aan de hand van het programma dat 'Woord voor Woord Extra' heette en waarin Aart Staatjes als presentator in gesprek ging met kinderen over bijbelse thema's. In de aflevering over gezag (uitgezonden door de IKON op 15 februari 1970; zie www.beeldengeluid.nl voor gedetailleerde informatie) ging het over 'leiders, vaders, meesters en andere bazen'. Uit de samenvattingen van de gesprekjes blijkt dat in de verschillende onderdelen wel 'gezag' werd geproblematiseerd, maar niet de exclusieve mannelijke invulling die eraan gegeven werd met de termen als 'vaders' en 'meesters'. Een dergelijke exclusiviteit zou een programmaker nu niet meer inbouwen.

Een tweede verschuiving is op het terrein van gender zelf te zien. 'Genderbending' is de overschrijding van de onzichtbare grens die ligt tussen de biologische kenmerken enerzijds en de beeldvorming die hieraan gegeven wordt anderzijds. Een vrouw is bezig met 'genderbending' als ze niet voldoet aan de maatschappelijk-sociale ideale typering voor haar sekse, en eigenschappen vertoont die binnen de samenleving als typisch mannelijk worden ervaren. Marlene Dietrich speelde hiermee door kleding te dragen die tot dan toe als typisch mannelijk werd gezien, popsterren als Madonna en Pink traden jaren later in haar voetsporen. In de Bijbel zou je het gedrag van Judit kunnen etiketteren als 'genderbending', zij onthooft Holofernes – een daad die zo gewelddadig is dat deze niet snel als typisch vrouwelijk zal worden gecategoriseerd.

Inclusief vertalen versus exclusief vertalen

De keuzes die een vertaler op het gebied van gender tegenkomt, hebben onder meer te maken met in- en exclusief vertalen. Bij inclusief vertalen zorgt de vertaler ervoor dat in het taalgebruik zowel mannen als vrouwen worden aangeduid. Men neme het woord 'man'. Hoewel 'man' ook in algemene, neutrale zin (dus inclusief) gebruikt kan worden ('Er waren honderd man aanwezig'), wordt de verwijzing 'man' meer en meer ervaren als doelend op mensen van het mannelijk geslacht (exclusief). Een bijbelvertaler die gendergevoelig is, zal in genoemd voorbeeld dan ook liever kiezen voor een vertaling als 'honderd mensen'. Bij exclusief vertalen kiest de vertaler voor de inperking van de betekenis van een woord, terwijl dat niet per se noodzakelijk is. Hier mag het Hebreeuwse *banim* tot voorbeeld dienen: het is te vertalen met 'zonen', maar in heel veel gevallen ook met 'kinderen'. De Statenvertaling heeft voor Rechters 10:6 'kinderen van Israël' (inclusief), de Nieuwe Vertaling (NBG51) 'Israëlieten' (inclusief), maar de vertaling van de Societas Hebraica Amstelodamensis (SHA) geeft 'zonen Israëls' (exclusief). Dat kan een (hoogstwaarschijnlijk onbedoeld) positief effect hebben voor het vrouwelijk deel van het volk Israël: bij een vertaling van 'De zonen Israëls gingen voort te doen wat kwaad was in de ogen van de HEER' (Rechters 3:12, SHA) zijn de vrouwen gevrijwaard van de veroordeling van hun daden. Hoewel ze – blijkens het vervolg – wel moeten zuchten onder de gevolgen van de daden van de mannen… Maar waarom zou je rekening houden met genderaspecten in een tekst? Albert Koster, die met zijn vertalingen heel dicht bij de grondtaal wilde blijven, haalt een niet-talig argument van stal om exclusief vertalen te verdedigen. Hij wordt bevraagd over zijn inclusieve vertaling van Psalm 1:1 ('Gelukkig de man die…') en zegt dat het hem 'weinig waarschijnlijk' leek 'dat in de Oud-Israëlitische context […] door de schrijver bedoeld is' dat 'vrouwen naar het beraad van boosdoeners hebben kunnen gaan en zitten in de zitting van zweters' (interview in *Met Andere Woorden* (19), 2, p. 24).

Dit socio-historische argument heeft voor hem primaat boven andere argumenten, zoals de mogelijk algemeen geldende inhoud van deze psalm. De Nieuwe Bijbelvertaling (NBV) kiest hier voor een inclusieve vertaling: 'Gelukkig de mens die…' De NBV houdt zo rekening met de gebruikster van de Bijbel: ook een vrouw kan zich nu rechtstreeks aangesproken voelen door deze psalmregel.

Ook 'Der Bibel in gerechter Sprache' houdt rekening met vrouwen. In 2006 is voor het Duitse taalgebied een bijbelvertaling uitgekomen waaraan honderden vrijwilligers hebben meegewerkt: 'Der Bibel in gerechter Sprache'. Onderdeel van dit vertaalproject is het includeren van vrouwen in de vertaling waar de context ook vrouwen bedoelt – wat dus kan inhouden dat de grondtekst exclusiever lijkt te zijn dan de vertaler meent dat de bedoeling is. Zo is 'De brief aan de Romeinen' te vinden als 'Der Brief an die Gemeinde in Rom'. De verwijzing 'Römer' kan namelijk alleen op mannen slaan, terwijl de brief is gericht aan zowel mannen als vrouwen. Een verstrekkender voorbeeld van inclusief vertalen, dat bijna vijandige reacties heeft opgeroepen toen deze vertaling verscheen, is het Onze Vader. In 'Der Bibel in gerechter Sprache' heeft men in Matteüs 6:9 gekozen voor: 'Du, Gott, bist uns Vater und Mutter im Himmel' en in Lucas 11:1 voor 'Du Gott'.

Godsnaam

Dit brengt ons bij een verschil tussen in- en exclusief vertalen dat in Nederland de laatste jaren bijna tot een strijdtoneel werd: de vertaling van de Godsnaam in de NBV. De voor- en tegenstanders van 'HEER' als weergave van het tetragrammaton JHWH gingen op vele podia met elkaar in discussie. Zo verdedigde Meindert Dijkstra de vertaling met 'HEER' op de volgende wijze: '"HEER" als exponent van een dominante androcentrische traditie of zelfs een vertaalfout, omdat hier een mannelijk categorie- of soortwoord met zeer masculiene connotaties een op zich sekseneutrale eigennaam vervangt, vind ik niet valide genoeg om de traditionele weergave met HEER te laten vervallen.' (Meindert Dijkstra in *Met Andere Woorden* (19) 3, p.11). Diverse argumenten uit verschillende speelvelden staan hier op een rij: de dominantie van androcentrisme (op welk gebied zegt Dijkstra niet), de wens van een foutloze vertaling, het al of niet vasthouden aan een vertaaltraditie. Caroline Vander Stichele (*Met Andere Woorden* (19) 3, p. 5) maakt bezwaar tegen het zich beroepen op de Septuaginta, de Griekse vertaling van de Hebreeuwse tekst, juist omdát dit een vertaling is en geen grondtekst. Verder vraagt ze zich af wat nu de traditie is die gevolgd moet worden: die van het substituut HEER of die van het tetragrammaton JHWH. Verder ziet ze een relativering van de grote aandacht voor de Godsnaam JHWH in de veelheid aan Godsnamen in de Bijbel zelf. Ook bij het gebruik in het Nieuwe Testament van het Griekse *kurios* als argument voor het gebruik van 'HEER' vindt zij niet voldoende als argument, omdat *kurios* ook voor Christus wordt gebezigd, en niet alleen voor God.

De discussie rond de vertaling van de Godsnaam is door de complexiteit ervan nauwelijks te voeren. Discussianten blijken elk op eigen terrein te starten en te blijven: filosofisch, theologisch, sociaal-cultureel, traditiegetrouw, taalkundig, feministisch, gendergericht, denominatief. In het kader van deze bijdrage laat ik de discussie dan ook rusten. Wie verder wil lezen kan onder meer terecht bij de NBV-informatiebrochure 11 'Tegen het licht gehouden'.

De kwestie rond de godsnaam heeft overigens nog wel gevolgen gehad. In de gedrukte versies van de NBV is 'HEER' blijven staan, maar in elke uitgave is een leeswijzer opgenomen waarin wordt aangegeven: 'Overal waar deze aanduiding voorkomt kan men bijvoorbeeld ook (voor)lezen: Aanwezige, Eeuwige, God, He(e)re, Levende, De Naam, Onnoembare.' En de CD-rom die is verschenen met de tekst van de NBV heeft de optie via een eenvoudige handeling de godsnaam te veranderen in een naam naar keuze.

Bijbelse voorbeelden

En nu is het tijd om te kijken naar bijbelvertalingen vanuit genderperspectief. Op verschillende manieren kijken we naar de plaats van vrouwen in teksten en hoe hiermee wordt omgegaan in diverse vertalingen die in Nederland worden gebruikt. Ik zal werken aan de hand van voorbeelden; wie meer achtergrondinformatie wil dan hier wordt gegeven, kan terecht bij publicaties van Anneke de Vries en anderen.[1]

Sterk versus deugdzaam

De Hebreeuwse tekst van Spreuken 31:10 bevat twee woorden waarmee iets aan de hand is vanuit genderperspectief: *chajil* en *eshet*. De Statenvertaling kiest voor 'Wie zal een deugdelijke huisvrouw vinden?', de NBG51 'Een degelijke huisvrouw, wie zal haar vinden?', de Groot Nieuws Bijbel 'Een goede vrouw, wie zal haar vinden?' NBV en de Willibrordvertaling 1995 vinden elkaar met 'Een sterke vrouw, wie zal haar vinden?' en de Naardense Bijbel geeft 'Ach, een vrouw van vermogen, wie vindt die?'.

In Ruth 3:11 noemt Noömi haar schoondochter Ruth ook *chajil*. Hier zijn de vertalingen 'deugdelijk' (Statenvertaling), 'deugdzaam' (NBG51), 'geweldig' (Groot Nieuws Bijbel), 'bekwaam' (Willibrord 95), 'bijzonder' (NBV) en en 'vrouw van vermogen' (Naardense Bijbel).

Nu blijkt deze variatie niet alleen rond de 'vrouw' in Spreuken 31:10 en Ruth te bestaan, maar ook tussen de vertaling van *chajil* voor een vrouw en voor een man. Mannen die *chajil* zijn, blijken namelijk in vertalingen 'flink' (Genesis 47:6) of 'dapper' of 'strijdbaar' (Rechters 20:4). Blijkbaar zijn voor sommige vertalers échte mannen dapper of flink en échte vrouwen deugdzaam of degelijk...

Verhaalniveau: Fraufinsternis

Vrouwen kunnen weggeschreven worden uit een geschiedenis en verdwijnen achter de coulissen van het verhaal. Het vereist alertheid bij de lezer om een dergelijke 'Fraufinsternis' op het spoor te komen, want je moet bedacht zijn op iets wat er níet is, en dat is lastiger dan signaleren van wat er wel is maar waar je het niet mee eens bent. Bijvoorbeeld Jesaja 7:14. God laat via Jesaja aan koning Achaz weten dat de jonge vrouw zwanger is, dat zij een zoon zal baren en dat zij hem Immanuël zal noemen. In de Willibrordvertaling 1995 staat dat Achaz hem de naam Immanuël zal geven. Maar in de Hebreeuwse tekst wordt de vrouw aangesproken, zíj geeft de boreling een naam: 'de jonge vrouw is zwanger, zij zal spoedig een zoon baren en jij, vrouw, zult hem Immanuël noemen (*qarat*).'

De ont-dekking van de vrouw

In een vertaling kun je ook vrouwen als het ware invoegen, bijvoorbeeld als op talig niveau de vrouw onzichtbaar is, maar op het verhaalniveau duidelijk is dat de vrouwen wel geïncludeerd worden. Een aantal voorbeelden:

In Genesis 31:3 krijgt Jakob van JHWH te horen dat hij moet terugkeren naar zijn geboortegrond of bakermat (*molèdet*). God zegt in de NBG51: 'Keer terug naar het land uwer vaderen en naar uw maagschap.' De NBV neemt het ruimer en laat God zeggen: 'Ga terug naar het land van je voorouders, naar je familie.'

In het Nieuwe Testament biedt het Johannesevangelie een illustratie. In Johannes 20:17 zegt Jezus tot Maria Magdalena volgens de NBG51: 'Houd Mij niet vast, want Ik ben nog niet opgevaren naar de Vader; maar ga naar mijn broeders en zeg hun: Ik vaar op naar mijn Vader en uw Vader, naar mijn God en uw God.' In de NBV worden zijn woorden: '"Houd me niet vast," zei Jezus. "Ik ben nog niet opgestegen naar de Vader. Ga naar mijn broeders en zusters en zeg tegen hen dat ik opstijg naar mijn Vader, die ook jullie Vader is, naar mijn God, die ook jullie God is."' Maria Magdalena krijgt in de tweede opdracht een bredere doelgroep toebedeeld. Ook het eerder genoemde voorbeeld van de Duitse vertaling van 'Der Brief an die Gemeinde in Rom' valt in de categorie van de ont-dekking van de vrouw.

Handelingsniveau: wat doet een vrouw?

Saul bezoekt in zijn wanhoop heil bij een vrouw die doden kan oproepen. Zij doet wat hij vraagt (1 Samuel 28:12), en toen:

'riep zij met luider stem' (Statenverstaling)
'slaakte zij een luide kreet' (NBG51)
'begon zij luid te gillen' (Groot Nieuws Bijbel)
'begon ze hard te gillen' (Willibrord 95)
'zij schreeuwde met een grote stem' (Koster)
'schreeuwt zij het uit met grote stem' (Naardense Bijbel)
'slaakte zij een ijselijke kreet' (NBV)

De Naardense Bijbel en de vertaling van Koster blijven zoals te verwachten het dichtst bij het Hebreeuws. De Willibrordvertaling gebruikt een werkwoord dat in deze bijbelvertaling verder niet voorkomt, terwijl het Hebreeuwse werkwoord van de grondtekst wel vaker in de Bijbel staat. De Groot Nieuws Bijbel gebruikt het ook nog in Jesaja 42:7 ('Het leger komt opzetten uit het noorden als een rivier die buiten haar oevers treedt, het land overspoelt, steden en hun inwoners meesleurt. De mensen gillen, schreeuwen om hulp.'). De keuze voor 'gillen' is niet fout, maar geeft wel een bepaalde kleur mee aan de scène: 'gillen' lijkt hier een continue handeling, terwijl 'het uitschreeuwen' en 'een kreet slaken' veeleer een enkel moment aangeeft. Ook wordt 'gillen' eerder gezegd van vrouwen, kinderen en speenvarkens, dan van mannen. Het woord is dus niet zonder meer neutraal te noemen, de vertaler geeft een kleuring mee aan dat wat de vrouw doet.

Met deze vrouw is ook nog wat anders aan de hand. Ze wordt wel 'de heks van Endor' genoemd. Een 'heks' is in de gangbare opvatting een vrouw die zwarte magie bedrijft, en een negatief imago heeft. Het personage Eucalypta in de populaire boeken- en televisieserie rond Paulus de Boskabouter (sinds de jaren '40 verschenen meer dan zeventig titels van Jean Dulieu) is een modelheks wat dat betreft. (Verrassend genoeg draagt de raaf, een ander personage in deze serie, de naam 'Salomo'.) Nu blijkt de term 'heks' niet voor te komen in de door mij geraadpleegde vertalingen. Diverse bronnen geven aan dat de vrouw die door Saul wordt geraadpleegd 'heks' wordt genoemd op basis van de vertaling door Luther, maar ook in die tekst is dat woord niet te vinden. Wel zijn er schilderijen en gravures die deze titel dragen (bijvoorbeeld uit 1526 van Van Oostsanen en uit 1866 van Doré). Ergens heeft ooit iemand de vrouw in Endor een heks genoemd, maar waar en wanneer en door wie lijkt in de mist van de geschiedenis verdwenen. Het vooroordeel heeft echter postgevat en heeft de vrouw voor lengte van eeuwen het stempel 'heks' gegeven. Een voorbeeld van de kracht van stereotypering... De functie-aanduiding heks laat overigens de laatste decennia een verschuiving in beeldvorming zien. Vandaag de dag zijn er vrouwen en mannen die zich tooien met deze naam en zeggen witte magie te bedrijven; de schrijfster Susan Smit is een van de bekendste voorbeelden van hen.

Menstruatie

Een typisch vrouwelijk verschijnsel als menstruatie speelt in het verhaal over Hanna (1 Samuel 1), maar is in vertalingen niet goed terug te vinden. De tekst vertelt dat Elkana en zijn vrouwen Hanna en Peninna terugkeren naar hun huis te Rama (1:19), waar Elkana Hanna bekent en JHWH haar gedenkt. Hanna wordt zwanger in 'een cirkel van dagen' (*litqoefot hajamim*) en baart vervolgens een kind. De bijzondere uitdrukking *litqoefot hajamim* vangt de aandacht van de lezer en legt de nadruk op het gegeven dat Hanna niet meer vergeefs een vruchtbaarheidscyclus hoeft door te maken. Er is één andere vindplaats van *litqoefot*, 'cirkel' of 'cyclus', waar het in combinatie met *hashana* voorkomt: cyclus van een jaar (2 Kronieken 24:23). Hieronder staan diverse vertalingen van 1 Samuel 1:20:

> 'En het geschiedde, na verloop van dagen, dat Hanna bevrucht werd, en baarde een zoon' *(Statenvertaling)*
> 'En omstreeks een jaar later baarde Hanna, zwanger geworden, een zoon' *(NBG51)*
> 'In de loop van het jaar werd Hanna zwanger en bracht zij een zoon ter wereld' *(Willibrord 95)*
> 'Ze werd zwanger en bracht het jaar daarop een zoon ter wereld' *(Groot Nieuws Bijbel)*
> 'En het geschiedde bij het omwentelen van de dagen dat Channa zwanger was en een zoon baarde' *(Koster)*
> 'En het geschiedt in de wendingen der dagen dat zij zwanger wordt, Chana, en een zoon baart' *(Naardense Bijbel)*
> 'Hanna werd zwanger en na verloop van tijd baarde ze een zoon' *(NBV)*

Er is te zien dat de vertalers geworsteld hebben met *litqoefot hajamim*. De Statenvertaling ligt nog het dichtst bij de betekenis van 'menstruatiecyclus', andere teksten houden zich meer op de vlakte waarbij de een veilige marge kiest ('na verloop van tijd'), en een ander explicieter is ('het jaar daarop'). Ook wát er nu gebeurt in relatie tot de tijdsduur verschilt: zwanger worden of baren.

Voor een vertaler maakt het allemaal niet zo gek veel uit, voor de vrouw in kwestie des te meer. Voor een vrouw in de vruchtbare leeftijd die tot dan ongewenst geen kinderen heeft gekregen, is het uitblijven van de menstruatie een grote bron van vreugde. En die vreugde maakt Hanna, wier naam 'genade' betekent, in de maand na haar tempelbezoek mee. God is in haar geval direct, bij de eerste de beste mogelijkheid, genadig.

De vissin

Ook dieren hebben een geslacht, maar genderdifferentiatie is in verhalen waarin dieren optreden vrijwel nooit opportuun. Toch kan het belangrijk zijn er aandacht aan te besteden. Twee voorbeelden. Als er van alle dieren niet een mannetje en vrouwtje in de ark van de familie Noach waren gestapt, hadden we nu niet zo'n rijke fauna gehad. In het verhaal over Jona is er wat aan de hand met een vis, die binnen het verhaal tot tweemaal toe transseksueel wordt. Jona wordt opgeslokt door een vis (Jona 2:1), maar in het volgende vers staat er in het Hebreeuws de vrouwelijk vorm *daga*, 'vissin'. Alsof het dier zwanger was van Jona. *Daga* wordt ook voor het collectivum gebruikt ('geviste'), bijvoorbeeld in Genesis 1:16, Numeri 11:15 en Ezechiël 49:9, maar in Jona 2:1 kan het niet om een collectieve aanduiding gaan. Een miniatuur van vertelkunst, dat – zover ik later heb kunnen nagaan – in geen enkele vertaling is gehonoreerd, ook niet in de Naardense Bijbel en de Kostervertaling.

Tot slot

Uit bovenstaande moge blijken dat op verschillende niveaus van een bijbeltekst genderspecifieke elementen een rol spelen. Het bestaan van deze aspecten legt bij de vertaler de verantwoordelijkheid zich hier rekenschap van te geven en deze zoveel als mogelijk te verdisconteren in haar vertaling. Want een lezer die niet kan teruggrijpen op het Hebreeuws, Grieks of Aramees heeft als enige toegang de vertaling van de desbetreffende tekst. Hoe de vertaler omgaat met de tekst, heeft dus gevolgen voor de wijze waarop de lezer met de tekst kan omgaan.

1 A. de Vries, *Wie kijft die blijft. Vrouwen in bijbelvertalingen,* Amsterdam/Antwerpen: L.J. Veen, 2000; A. de Vries, *Het kleine verschil. Man/vrouw-stereotyperingen in enkele moderne Nederlandse vertalingen van het Oude Testament,* Kampen: Kok, 1998. Zie ook A. Brenner, J.W. van Henten, *Bible Translation on the Threshold of the Twenty-First Century. Authority, Reception, Culture and Religion,* Sheffield: Sheffield Academic Press, 2002 (JSOT 353).

Dr. W.C.G. van Wieringen is neerlandica en bijbelwetenschapper en promoveerde in 2007 aan de Faculteit Katholieke Theologie (FKT) van de Universiteit van Tilburg (UvT) op een syntactisch onderzoek naar de rol van de vrouwen in Richteren 13-16. Ze is werkzaam als medewerker communicatie van het bisdom Rotterdam. Daarnaast is zij gelieerd aan de FKT/UvT en docent Bijbel en Hebreeuws aan Fontys Hogeschool Theologie Levensbeschouwing (locatie Amsterdam). Verder is zij redactievoorzitter van 'Interpretatie. Tijdschrift voor bijbelse theologie' en lid van de vertaalgroep van de Societas Hebraica Amstelodamensis (SHA).

Namen, ook vermoeiend

Henk Heikens

Er is een tijd dat het vertalen moeizaam gaat, en er is een tijd waarin het werk voorspoedig verloopt. Er zijn immers woorden die zich nauwelijks laten weergeven, en er zijn woorden die je zo kunt overnemen.

Tot deze laatste groep worden namen gerekend: *Mozes, Jordaan, Paulus, Galilea.* Daarbij hoef je immers niet te zoeken naar een passend Nederlands equivalent, want ze laten zich gewoon importeren. Maar Prediker waarschuwt: *Alle dingen* [woorden] *zijn vermoeiend, niemand kan ze verwoorden* (Prediker 1:8 in de vertaling van de Societas Hebraica Amstelodamensis). Dat lijkt te kloppen voor het bijbelboek Prediker zelf, waarin de SHA nogal wat moeite moest investeren. Doordat daarin nauwelijks namen voorkomen? Geldt het bijvoorbeeld ook voor de eerste negen hoofdstukken van 1 Kronieken, die hoofdzakelijk uit namen bestaan?

Ook die blijken vermoeiend. In 1 Kronieken 2:52 bijvoorbeeld heeft de Statenvertaling het over Haroë, terwijl de Leuvense vertaling van 1548 leest *welke zag* (Vulgaat: *qui videbat*). Dit wijst op een probleem: is het Hebreeuwse *haroë* ('de ziende') hier een eigennaam of een 'gewoon woord'?

Dan de vraag waar een eigennaam begint. In 1 Kronieken 4:12 spreekt de Canisiusvertaling over *Ir-Nachasj* en de Nieuwe Bijbelvertaling over *de stad Nachas*. Hoort het Hebreeuwse woord *ir* ('stad') tot de naam of niet?

In 1 Kronieken 4:14 weer een andere kwestie. Het dal dat daar ter sprake komt, heet in de Nieuwe Bijbelvertaling *Gai-Charasim*, terwijl de NBG-vertaling 1951 het heeft over het *Handwerkersdal*. Wanneer vertalen we eigenlijk namen?

In deze bijdrage zijn de voornaamste vragen bij elkaar gezet waarvoor vertalers bij namen komen te staan. Ongeveer op de manier van Prediker oftewel Kohelet, verzamelaar. Ook de voorbeelden zijn bijeengezocht uit diverse vertalingen.

Basisgegevens namen en vertalingen

De Bijbel telt omstreeks vierduizend verschillende namen, op ruim tienmaal zoveel plaatsen. In de standaarduitgave van de Nieuwe Bijbelvertaling staan er zo gemiddeld meer dan vijfentwintig op een bladzij. Doordat we passages met veel namen gewoonlijk overslaan, realiseren we ons meestal niet hoeveel het er zijn. Kwantitatief gaat het in ieder geval ergens over.

Voor de omvangrijkste categorie zorgen de persoonsnamen. Daarna komen de geografische namen, ook met een groot aantal. De overige groepen zijn aanmerkelijk kleiner.

In deze bijdrage ligt het accent op de namen in het Hebreeuwse Oude Testament (OT). Daarin staan namelijk de meeste, zo'n drieduizend. Bovendien worden die nogal eens genoemd in de deuterocanonieke boeken (DC), waarin zo'n vijfhonderd namen voorkomen, en in het Nieuwe Testament (NT), met zo'n zeshonderd stuks.

De voorbeelden op deze bladzijden komen uit de bijbelvertalingen die hieronder in een beknopt geschiedverhaal de revue passeren. Daarbij worden tegelijk de afkortingen genoemd waarvan in het vervolg gebruik wordt gemaakt.

Allereerst de Septuagint (LXX), een vertaling van het Oude Testament in het Grieks die bestemd was voor joodse gemeenschappen in de diaspora. Hoewel die geleidelijk tot stand is gekomen, tussen 250 en 100 v.Chr., hebben volgens de overlevering (tweeën)zeventig vertalers daar gelijktijdig aan gewerkt. De naam ervan is ontleend aan hun aantal, want *Septuagint* betekent 'zeventig'. In deze Septuagint staan niet alleen de oudtestamentische boeken die we uit protestantse vertalingen kennen, maar ook de deuterocanonieke boeken die in katholieke Bijbels zijn opgenomen. De deuterocanonieke boeken zijn ons trouwens allereerst uit deze Griekse Bijbel bekend en worden dus daaruit in ons Nederlandse Bijbels vertaald. De Septuagint is van belangrijke invloed geweest op het Nieuwe Testament, dat eveneens in het Grieks geschreven is.

Vervolgens de Vulgaat (VG). De Romeinse bestuurders die in het Nieuwe Testament ter sprake komen, zijn vertegenwoordigers van het Romeinse rijk dat geleidelijk aan ontstond. De taal daarvan was Latijn. Dat werd ook de taal van de kerk die zich erin organiseerde. En dus kwamen er bijbelvertalingen in het Latijn. Gezaghebbend werd de Vulgaat ('voor algemeen gebruik'), die vooral het werk was van Hiëronymus (omstreeks 400). Hoewel hij rechtstreeks vertaalde uit het Hebreeuws en Grieks, kon hij niet voorbijgaan aan het gezag dat de Septuagint gedurende vele eeuwen had verworven, onder andere niet bij de spelling van de namen, die er in de Vulgaat nogal eens Grieks uitziet. Op zijn beurt heeft de Vulgaat grote invloed uitgeoefend in onze westerse wereld. Daarvan getuigen onder andere de namen met de Latijnse uitgang *-us* die ons vertrouwd zijn, zoals *Christus*, *Exodus*, *Jakobus*, *Jezus*, *Matteüs*, *Paulus* en *Timoteüs*.

Voor de belangrijkste vertaling van de Reformatie zorgde Martin Luther, wiens eerste volledige Bijbel verscheen in 1532. Zijn werk werd vrijwel meteen in het Nederlands vertaald, maar werd ook bij nieuwe zelfstandige vertalingen in ons taalgebied geraadpleegd. Dat illustreren de namen in de zogeheten Deux-Aes-Bijbel van 1562, die veel werd gebruikt in de laatste decennia van de zestiende eeuw en de eerste van de zeventiende.

De Statenvertaling (SV) van 1637 zou de voornaamste vertaling worden van de Hervorming in Nederland. Deze heeft gezag gehouden tot in onze tijd. De tekst ervan is in latere uitgaven wel gemoderniseerd.

Katholiek Nederland bediende zich vele jaren van Vulgaatvertalingen, totdat in 1948 de Canisiusvertaling (CV) gereed kwam, die volgens het titelblad een *vertaling uit de grondtekst* was. De spelling van de namen is daarin overigens nog voor een deel ontleend aan de Vulgaat.

Drie jaar later, in 1951, gaf het Nederlands Bijbelgenootschap een nieuwe vertaling uit (NBG51) die ging fungeren als opvolger van de Statenvertaling. In latere edities daarvan is de spelling van de namen stilzwijgend aan nieuwe regels aangepast.

De Canisiusvertaling en de NBG-vertaling 1951 laten overigens zien dat in het Nederlandse taalgebied lange tijd twee versies van de bijbelse namen bestonden: een katholieke en een protestantse. Deze werden in 1968 geüniformeerd toen het Nederlands Bijbelgenootschap (NBG) en de Katholieke Bijbelstichting (KBS) een gemeenschappelijke schrijfwijze afspraken. In latere jaren is die enkele keren bijgesteld.

De NBG-KBS-spelling is onder andere te vinden in de Willibrordvertaling (WV) uit 1975, die werd herzien in 1995, en in de Nieuwe Bijbelvertaling (NBV) uit 2004.

Op de volgende bladzijden komen verder vertalingen ter sprake van de Societas Hebraica Amstelodamensis (SHA). Deze gaf vier bijbelboeken uit met telkens op de linkerbladzij de Hebreeuwse grondtekst en rechts de SHA-vertaling: Hooglied (1998), Genesis (1999), Richteren (2001) en Prediker (2008).

Eigennamen en soortnamen

Wanneer hebben we te maken met een naam? Een naam of, preciezer gezegd, een eigennaam is een woord voor een individuele zaak in de werkelijkheid. Met dat woord onderscheiden we die van andere individuele zaken. Daarbij kan het gaan om personen, om geografische eenheden als streken, plaatsen, bergen en rivieren, en om allerlei andere dingen: instellingen, bouwwerken, publicaties, enz. De meeste eigennamen zullen we vergeefs opzoeken in een woordenboek. Belangrijke reden hiervan is dat eigennamen niet op dezelfde manier als andere woorden betekenis hebben. Wat ermee wordt bedoeld, is namelijk de individuele zaak waarnaar ze verwijzen: *Churchill, Oslo, Obama, Sneek.*

Naast eigennamen bestaan soortnamen of 'gewone woorden'. Zoals de term al zegt, duiden die een soort aan. Als we de betekenis daarvan beschrijven, noemen we de kenmerken van de soort. Zo is een kat volgens Van Dale een viervoetig klein huisdier dat miauwt, spitse oren heeft en ogen die 's nachts goed kunnen zien, en is een berg een min of meer op zichzelf staande sterke verheffing van de aardoppervlakte.

We herkennen eigennamen in het Nederlands aan de hoofdletters waarmee ze beginnen. In de grondtekst van het Oude Testament hebben we daar geen houvast aan, want het Hebreeuwse schrift kent geen hoofdletters. Vertalers moeten daardoor telkens op grond van de context nagaan of ze met een individuele zaak te maken hebben of niet.

Eigennaam of niet?

Er zijn teksten waarin de bijbeltekst zelf aangeeft dat het om een eigennaam gaat: *Uw naam zal Abraham zijn* (Genesis 17:5, WV), *U moet hem de naam Jezus geven* (Matteüs 1:21, WV), *men noemt hem Wonderbare Raadsman, Sterke God, Eeuwige Vader, Vredevorst* (Jesaja 9:5, NBG51). Maar vaak moet de vertaler daarover een beslissing nemen. Dat is onder andere niet altijd eenvoudig, omdat eigennamen en soortnamen dicht bij elkaar liggen, zoals het laatste citaat laat zien.

Veel eigennamen zijn trouwens van oorsprong soortnamen. Als we over een individuele zaak spreken, duiden we die namelijk vaak aan met een soortnaam plus een of meer bepalende woorden. Zo kunnen we het hebben over de oude poort en de rechte straat waar we telkens door komen, of over de nieuwe bijbelvertaling waaraan we al een tijdje werken. Na verloop van tijd kunnen zulke soortnamen evalueren tot *Oude Poort*

(Nehemia 3:6), *Rechte Straat* (Handelingen 9:11), en *(De) Nieuwe Bijbelvertaling.*

De afwegingen die vertalers hierbij moeten maken, kunnen tot verschillende beslissingen leiden. Bij *de schenker en de bakker* in het verhaal van Jozef (Genesis 40:1) zal het gaan om soortnamen. Maar wat is het geval bij een functionaris in 2 Koningen 18:17: *maarschalk* (NBG51), *rabsake* (NBV) of *Rabsake* (LXX, VG, SV)?

Nog wat voorbeelden: Wanneer gaat het bij het Hebreeuwse *adam* om de eerste mens, Adam, en wanneer om de mens in het algemeen? En wanneer is met het Hebreeuwse *negev* die zuidelijke woestijn bedoeld en wanneer gewoon het zuiden? Als David vlucht voor Absalom, blijft hij in 2 Samuel 15:17 volgens de Canisiusvertaling staan bij *het laatste huis*, volgens de NBG-vertaling 1951 bij *het Verre Huis* en volgens de Nieuwe Bijbelvertaling bij *Bet-Hammerchak* (letterlijk: 'huis van de verte'). In Jeremia 48:1 leest de NBG-vertaling 1951: *te schande geworden is de vesting* (Hebreeuws: *misgab*), maar de Nieuwe Bijbelvertaling: *Misgab staat te schande.*

Voor een reeks voorbeelden zorgen ook woordcombinaties van het type: *zoon/Zoon van X, huis/Huis van X, bron/Bron van X, poort/Poort van X*, enz. Daarin is het eerste woord (van oorsprong) een soortnaam en het tweede een nadere bepaling, vaak een eigennaam. Vraag is telkens: hoort het eerste woord tot de eigennaam? In 1 Kronieken 4:20 heeft de Canisiusvertaling het over *de zoon van Zochet*, en de Nieuwe Bijbelvertaling over *Ben-Zochet* (*ben* is 'zoon'). In het daarop volgende vers heeft de Statenvertaling *het huys van Asbea* en de NBG-vertaling 1951 *Beth-Asbea* (*bet* is 'huis'). In Rechters 7:1 staat in de NBG-vertaling 1951 *de bron Harod* en in de Canisiusvertaling *En-Charod* (*en* is 'bron').

Interpretatiekwesties

Als we besluiten dat iets een eigennaam is, kunnen zich daarbij vervolgens interpretatiekwesties voordoen. Alleerst bij het woord zelf. Dat kan in het Hebreeuws bepaalde voorvoegsels krijgen, met de functie van een voorzetsel (*be-*, 'in'; *la-*, 'van'; *me-*, 'vanaf'), een voegwoord (*we-*, 'en') of een lidwoord (*ha-*, 'de', 'het'). De letters daarvan komen ook voor als de eerste letters van een naam. Dat zorgt bij die letters voor de vraag: voorvoegsel of deel van de naam?

Staat in Jozua 15:24 en 1 Koningen 4:16 bijvoorbeeld *be-alot*, dat wil zeggen *in Alot*, of *bealot*, dus *Bealot* (zie de NBV op die plaatsen)? En wat is bedoeld met de Hebreeuwse letters *b-sj-l-m* in Ezra 4:7: *be-sjalom*, dus *in vrede* (Grieks: *en eirenei*, LXX) of gaat het om de briefschrijver *Bisjlam* (CV)? Staat er verder in Jozua 12:18 *van Saron* (CV) of *Lassaron* (NBG51), in Jozua 13:4 *vanaf Ara* (NBV) of *Meara* (NBG51), en in Ezechiël 27:19 *en Dan* (SV) of *Wedan* (NBG51)?

Bij het lidwoord *ha-* rijst een andere vraag, namelijk of we dat in de vertaling overnemen. Er zijn namen in de grondtekst die nu eens wel *ha-* hebben, dan weer keer niet. In Rechters 20:47 bijvoorbeeld staat zowel *Sela Rimon* als *Sela Harimon*. Zoiets wekt de indruk dat het lidwoord er niet zoveel toe doet, dus kan worden weggelaten. De Loccumer Richtlinien, die in Duitsland de spelling van de namen regelen, geven het lidwoord bij geen enkele naam weer. Resultaat is onder andere *Eben-Eser* (1 Samuel 7:12). Nu is in ons taalgebied *Eben-Haëzer* gebruikelijk ('steen van **de** hulp'). In het Nederlands zijn bij het lidwoord *ha-* dan ook wisselende keuzes gemaakt. In Numeri 33:49 bijvoorbeeld heeft de NBG-vertaling 1951: *van Beth-Jesimoth af tot Abel-Sittim toe*, en de Nieuwe Bijbelvertaling: *van Bet-**Ha**jjesimot tot aan Abel-**Ha**ssittim.*

Voor een ander soort interpretatiekwesties zorgen twee eigennamen achter elkaar: gaat het daarbij om één samengestelde naam of om twee namen? In Ezra 2:59 staat in Nederlandse vertalingen *Tel-Melach* en *Tel-Charsja*, terwijl Luther hier vier plaatsnamen heeft gelezen. In hetzelfde vers vatten Nederlandse vertalingen *Kerub* en *Addan* als twee plaatsnamen op, terwijl de Loccumer Richtlinien het hebben over *Kerub-Addon.*

Voor een curieus geval zorgt 1 Kronieken 2:24: In de NBG-vertaling 1951 sterft Hezron in *Kaleb-Efratha*, maar in de Nieuwe Bijbelvertaling slaapt *Kaleb met Efrat.*

Varianten en tekstkritiek

De Bijbel vertelt verhalen over naamsveranderingen: *Abram* wordt *Abraham* (Genesis 17:5), *Jakob* wordt *Israël* (Genesis 32:29) en *Simon* wordt *Petrus* (Matteüs 16:17-18). Verder komen tweede namen voor: *Benjamin* heet ook *Ben-Oni* (Genesis 35:18), *Gideon* ook *Jerubbaäl* (Rechters 6:32), en Sauls zoon *Esbaäl* ('man van Baäl', 1 Kronieken 8:33) heet vooral *Isboset* ('man van schande', 2 Samuel 2:8). Deze naamswisselingen worden in de bijbeltekst zelf beschreven en vaak bovendien toegelicht.

Daarnaast komen varianten voor, waarbij de naam in de ene tekst zus luidt en in een andere zo, met kleine en grote verschillen. Zo zijn *Rifat* en de *Dodanieten* in Genesis 10:3-4 dezelfden als *Difat* en de *Rodanieten* in

1 Kronieken 1:6-7. De varianten zijn zo talrijk, dat de Statenvertalers ervan afzien om ze allemaal te annoteren, zoals ze meedelen in een noot bij de namen *Bala*, *Eltholad*, *Bethul* en *Beth-Lebaoth* in Jozua 19:4-6:

'*Bala*. Dese stadt wort 1 Chron. 4.29 genoemt *Bilha*. Dickwijls valter eenige veranderinge ofte toevoeginge inde eygene namen der menschen, steden ende dorpen. Hier staet vers 4: *Eltholad*, maer 1 Chron. 4.29: *Tholad*; ende voor *Bethul*: *Bethuël*. Voor *Beth-Lebaoth*, vers 6, staet 1 Chron. 4.31: *Beth-Biri*. Sulcke veranderingen zijnder vele, te lanck ende moeyelick, dat mense altijt soude aenteeckenen. De veranderingen zijn gekomen door lanckheyt van tijden, ofte kortheyts-halven, ofte om dat de pronuntiatie ofte uytsprake lichter valt dus dan soo.'

De joodse schriftgeleerden die voor de standaardtekst van het Oude Testament zorgden, noteerden bij een aantal afwijkend geschreven namen verbeteringen. Bijvoorbeeld bij *Moemechan* (Ester 1:16): lees *Memoechan* (zoals in Ester 1:14 en 1:21). Maar zo'n aantekening ontbreekt bij andere gevallen in hetzelfde boek. De haremwachter heet eerst *Hege* (Ester 2:3) en daarna *Hegai* (Ester 2:8 en 2:15), en een hoveling die de koning naar het leven staat, eerst *Bigtan* en later *Bigtana* (Ester 2:21 en 6:2). Wat moeten vertalers hiermee? De Statenvertalers hebben deze verschillen weergegeven, maar in de NBG-vertaling 1951 zijn ze weggewerkt. Deze twee gedragslijnen zien we ook in andere vertalingen en in andere gevallen. Over het algemeen worden varianten zonder veel ophef geharmoniseerd. Zo veranderen vrijwel alle vertalers *Mariam*, dat 27 keer in het Nieuwe Testament voorkomt (*Mirjam* in het OT), stilzwijgend in *Maria*.

Soms zorgen namen of de schrijfwijzen daarvan voor zoveel vragen dat ze leiden tot tekstkritiek. Daarbij vervangen vertalers meestal datgene wat in de grondtekst staat, door iets wat vanuit andere teksten wordt aangereikt, bijvoorbeeld door de Septuagint. Wie de noten bekijkt bij Jozua 13-21 in de Canisiusvertaling of de Nieuwe Bijbelvertaling, treft er verschillende gevallen van aan, waarbij onder andere namen in het geding zijn.

Griekse versies van Hebreeuwse en Latijnse namen

De deuterocanonieke boeken en het Nieuwe Testament hebben uiteraard diverse relaties met het Hebreeuwse Oude Testament. Daarin worden onder andere allerlei personen en plaatsen uit de Hebreeuwse bijbelboeken genoemd. Hun namen moesten daarbij van het Hebreeuws in het Grieks worden omgezet. Dat zorgt voor varianten van heel andere aard.

Zo krijgt een flink aantal Hebreeuwse namen de Griekse uitgang *-s* of

-*os*: *Elias, Jonas, Judas; Jakobos, Jozefos, Karmelos*. Maar er zijn ook andere verschillen, soms vrij grote: *As(j)dod - Azotos, Beor - Bosor, Bileam - Balaäm, Hagaliel/Galiel - Galilaia, Jafo - Joppe, Mosjee/Mose - Mozes, Noach - Noë, Sjomron - Samareia*. Sommige namen worden door andere vervangen: *Aram-Naharaïm - Mesopotamia, Chiddekel - Tigris*.

Wat hiermee te doen? De Statenvertaling houdt zich aan de grondtekst, en heeft het in het Oude Testament dus bijvoorbeeld over *Asdod, Beor, Bileam, Hiddekel, Iapho, Cenereth, Mose, Noach, Phrath* en *Zarphath*, en in de deuterocanonieke boeken en het Nieuwe Testament over *Azoten, Bosor, Balaäm, Tygris, Ioppe, Gennesareth, Moses, Noë, Euphrates* en *Sarepta*. De Nieuwe Bijbelvertaling volgt de *Guidelines for interconfessional cooperation in translating the Bible* van 1968, die bepalen: *Old Testament persons referred to in the New Testament should have the Old Testament forms of names*. Zodra geen persoonsnamen maar geografische namen aan de orde zijn, volgt de Nieuwe Bijbelvertaling de grondtekst, met in het Oude Testament dus *Asdod* en *Jafo* en in de deuterocanonieke boeken en het Nieuwe Testament *Azotus* en *Joppe*.

Nog wat bijzonderheden: Vrijwel alle Nederlandse vertalingen kiezen in zowel de Hebreeuwse als de Griekse bijbelboeken voor *Galilea, Samaria, Tyrus*, dus voor de Griekse vormen. Verder draagt de veronderstelde auteur van de eerste vijf bijbelboeken in Duitsland overwegend zijn Hebreeuwse naam *Mose*, maar in Nederland en ook in het Angelsaksische taalgebied zijn Griekse naam *Mozes/Moses*. Bij het joodse paasfeest bedient de Statenvertaling zich overal van de Griekse term *pascha*, ook in de Hebreeuwse boeken, terwijl de Nieuwe Bijbelvertaling steeds het Hebreeuwse *pesach* gebruikt, ook in de Griekse boeken.

In de deuterocanonieke boeken en het Nieuwe Testament komen ook Griekse versies voor van Latijnse namen: *Augoustos, Ioustos, Kouartos, Kreskes, Kurenios, Sekoundos, Titos*; daarnaast: *kaisar, legion, praitorion*. Die worden in Nederlandse vertalingen weergegeven door de oorspronkelijke Latijnse vormen: *Augustus, Justus, Quartus, Crescens, Quirinius, Secundus, Titus*; daarnaast: *keizer, legioen, pretorium*. Vanzelfsprekend heeft de Latijnse Vulgaatvertaling hier invloed uitgeoefend.

Toelichting van namen

Veel eigennamen zijn zoals gezegd afkomstig van soortnamen. Daardoor hebben ze wat te betekenen. Verschillende keren kent de bijbeltekst er trouwens expliciet betekenis aan toe, door verband te leggen met soortnamen.

Deze relatie is overigens vaak meer van literaire dan van taalkundige aard. Drie voorbeelden:
- *Zij baarde een zoon die hij de naam* ***Gersom*** *gaf. "Want", zo zei hij, "ik ben* ***te gast*** *in een* ***vreemd*** *land"* (Exodus 2:22, WV).
- *En de HEER sprak tot Jozua: "Vandaag heb ik de smaad van Egypte van u* ***afgewenteld.****" Daarom heet die plaats* ***Gilgal*** (Jozua 5:9, WV).
- *Ik zeg jou: jij bent* ***Petrus;*** *op die* ***steenrots*** *zal Ik mijn kerk bouwen* (Mattteüs 16:18, WV).

Wie geen Hebreeuws of Grieks kent - dus vrijwel iedereen voor wie een vertaling gemaakt wordt -, begrijpt uit dit soort teksten alleen dat er verband moet zijn, maar niet wat het verband is. Daarom lichten de Statenvertalers dat ruim honderd keer toe in een noot, terwijl Pieter Oussoren (Naardense Bijbel), Albert Koster (auteur van een woord-voor-woord-vertaling van het OT) en de Societas Hebraica Amstelodamensis het probleem oplossen met een verklarende toevoeging aan de bijbeltekst zelf:
- *Heden heb ik de smaad van Egypte die op u lag, afgewenteld; hij roept als naam voor dat oord uit "Gilgal", -* ***afwenteling*** (Jozua 5:9, Oussoren).
- *Ze sloegen het met de ban. Men riep de naam van die stad: Chorma ['****Banning****']* (Rechters 1:17, SHA).

Een andere mogelijkheid ligt in het vertalen van de naam:
- *Jozua liet dus stenen messen maken en* ***besneed*** *de Israëlieten bij de* ***Voorhuidenheuvel*** (Jozua 5:2-3, WV).

Namen al of niet vertalen

Kunnen we namen eigenlijk niet het best zoveel mogelijk vertalen, gezien het laatste voorbeeld? Uiteraard is bij nogal wat namen onbekend of onzeker wat ze betekenen, waardoor vertalen niet kan, maar ook als de betekenis wel duidelijk is, gebeurt het vaak niet. *Nabal*, de echtgenoot van Abigaïl, zou *Dwaas* of *Onbenul* kunnen heten, in overeenstemming met 1 Samuel 25:25 en met het verhaal over hem, terwijl *Hakkatan* in Ezra 8:12 *de Kleine* zou kunnen worden, en *Karpos* in 2 Timoteüs 4:13 *Vrucht.*

Opvallend is dat namen die ons vrijwel uitsluitend in vertaling bekend zijn, overwegend geografische namen zijn: *Bakoventoren* (Nehemia 3:11), *Drakenbron* (Nehemia 2:13), *Goede Havens* (Handelingen 27:8), *Olijfberg* (Lucas 19:29), *Palmstad* (Rechters 3:13), *Rode Zee* (Handelingen 7:36), *Schelfzee/Rietzee* (Exodus 13:18), *Terebintendal* (1 Samuel 17:2), *Vispoort*

(Sefanja 1:10), *Wilgenbeek* (Jesaja 15:7). Hetzelfde geldt voor de namen die in de ene vertaling wel, in een andere niet vertaald worden: *Allon Bachuth* (Genesis 35:8, SV) - *Klaageik* (CV), *Goren-Haätad* (Genesis 50:10, NBV) - *Doornen-dorsvloer* (NBG51), *Mea-toren* (Nehemia 3:1, NBG51) - *Honderdtoren* (NBV), *En-Hakkore* (Rechters 15:19, NBV) - *Bron van de Roeper* (SHA), *Emek-Beracha* (2 Kronieken 20:26, NBV) - *Dal der Lofprijzing* (NBG51), *Sofimvlakte* (Numeri 23:14, NBV) - *Spiedersveld* (CV), *Lithostrotos* (Johannes 19:13, NBG51) - *Mozaïekterras* (NBV). Tot de laatste groep horen overigens ook enkele niet-geografische namen, waaronder persoonsnamen: *Nechoesjtan* (2 Koningen 18:4, CV) - *Koperslang* (NBV), *Coninck Jareb* (Hosea 5:13, SV) - *koning Kemphaan* (NBV), *Schear-Jaschub* (Jesaja 7:3, NBG51) - *Rest-Terug* (WV).

Vertaalde persoonsnamen zijn er weinig. De meest bekende is tegelijk de meest voorkomende: *Heer* of *Ene* (Naardense Bijbel) of *Eeuwige* (Tanach). De Hebreeuwse vierletternaam wordt echter ook onvertaald weergegeven, zoals in de Canisiusvertaling: *Jahweh*. Verder worden bijstellingen bij persoonsnamen wel eens vertaald: *Johannes de Doper* (naast *Baptist*) en *Simon de IJveraar* (naast *Zeloot*).

Wanneer vertalen we namen en wanneer niet? Wat persoonlijke notities daarover. Allereerst: vertalen betekent niet alleen winst, maar ook verlies. Tegenover de winst aan betekenis staat namelijk het verlies dat de uniciteit van de eigennaam voor een belangrijk deel verloren gaat. Bij het vertalen maakt de eigennaam immers plaats voor een soortnaam. Dit verlies telt vooral bij namen die weliswaar van oorsprong soortnamen zijn, maar in feite als eigennamen fungeren. Zo kun je *Araba* wel weergeven met *Vlakte*, zoals gebeurt in de NBG-vertaling 1951, maar bij *Vlakte* gaat het niet meer over die ene slenk tussen het Meer van Tiberias en de Golf van Akaba.

Daar komt bij dat vertaalde namen deel uitmaken van een verzameling waartoe ook veel onvertaalde namen horen. Daardoor kan de vertaling opvallen. Waarschijnlijk zal dit eerder gebeuren bij persoonsnamen dan bij geografische namen. Het is voor ons namelijk normaler om een individuele streek, rivier of berg tot een categorie te rekenen dan om een persoon zijn individualiteit te ontnemen en met een soortbenaming aan te duiden. Vooral daardoor zijn aanmerkelijk meer geografische namen vertaald dan persoonsnamen, waardoor nieuwe vertalingen in de eerste categorie weer minder opvallen dan in de tweede.

Van essentieel belang bij alle overwegingen lijkt me of de soortnaambetekenis van een eigennaam prevaleert, dus ertoe doet in de tekst waarin die gebruikt wordt. Als dat zo is, kan deze betekenis via een vertaling in de schijnwerpers worden gezet. Zo komt de naam *Chefsiba* ('mijn genoegen in haar') tweemaal voor, in 2 Koningen 21:1 en in Jesaja 62:4. In 2 Koningen wordt de naam vanaf de Septuagint tot de Nieuwe Bijbelvertaling niet vertaald, maar in Jesaja wel. In beide gevallen maakt de context duidelijk waarom. Op dezelfde wijze hangt het van de tekst(interpretatie) af, wat in 2 Koningen 23:13 een rol speelt: *de berch Mashith* (SV) of *de berg der Verwoesting* (NBG51), en over wie het in Handelingen 20:4 gaat: *Secundus* of de *Tweede*.

Overigens kunnen dezelfde interpretatiekwesties waarmee alle vertaalwerk gepaard gaat, zich ook bij namen voordoen. Wat is de *Emek Habacha* bijvoorbeeld in Psalm 84:7: dal van *tranen* (LXX, VG), *moerbeibomen* (SV), *balsemstruiken* (NBG51) of *dorheid* (NBV)? Van Dale verwijst naar dit bijbelvers bij *tranendal*. Dat gebeurt ook bij het gedenkteken *Emek Habacha* dat geplaatst is bij een vallei van de Golanhoogvlakte waar in 1973 een tankslag tussen Israël en Syrië woedde.

Cultuurnamen

Laatste kwestie: Wie het Hebreeuwse *Javan* of het Griekse *Hellas* weergeeft met *Griekenland*, maakt gebruik van een niet-bijbelse naam die door de cultuur wordt aangereikt. Vertalers kunnen zo'n naam kiezen omdat hoorders en lezers daarmee vertrouwd zijn, of met het doel dat zij via de naam relaties kunnen leggen met informatie in bijvoorbeeld cultuurgeschiedenissen of atlassen. Als illustratie de volgende tweetallen: *Ahasveros* (Ester 1:1, NBG51) - *Xerxes* (Loccumer Richtlinien), *Hoddoe* (Ester 1:1, CV) - *India* (NBV), *Kaftor* (Deuteronomium 2:23, CV) - *Kreta* (NBV), *Koesj* (Genesis 2:13, CV) - *Ethiopië* (NBG51)/*Nubië* (NBV), *Melite* (Handelingen 28:1, SV) - *Malta* (NBV), *Merodach* (Jeremia 50:2, NBG51) - *Marduk* (NBV), *No* (Jeremia 46:25, CV) - *Thebe* (NBV), *On* (Ezechiël 30:17, NBG51) - *Heliopolis* (NBV), *Pi-Beseth* (Ezechiël 30:17, SV) - *Bubastis* (NBV). Als vertalers in dit soort gevallen een keus maken, zullen ze die vooral laten bepalen door het doel en de doelgroep van hun vertaling.

Opmerkelijk is dat de Statenvertalers besloten om alle Griekse godennamen in de bijbeltekst te vervangen door de Latijnse waarmee men in de zeventiende eeuw vertrouwd was: *Artemis* (Hand. 19:24) werd *Diana*, *Dionysus* (2 Makkabeeën 6:7) *Bacchus*, *Herakles* (2 Makkabeeën 4:19) *Hercules*, *Hermes* (Handelingen 14:12) *Mercurius*, en *Zeus* (Handelingen 14:12) werd *Jupiter*.

Schrijfwijzen van de namen

Voor alles is een bepaalde tijd (Prediker 3:1, SHA). Daarom blijven de Nederlandse schrijfwijzen van de namen hier onbesproken. Doordat het Hebreeuws en Grieks van de Bijbel talen zijn met andere schriftsystemen dan ons westerse, kunnen namen daaruit niet zomaar in een Nederlandse vertaling worden gekopieerd. Vertalers gaan op wisselende manieren met deze kwestie om, waarbij zich twee hoofdtypen laten onderscheiden: de letters van de twee grondtalen kunnen worden omgespeld (transliteratie) of de klanken daarvan kunnen worden weergegeven (transcriptie). De gangbare Nederlandse versies berusten overwegend op transliteratie, met invloed van achtereenvolgens het Grieks van de Septuagint, de deuterocanonieke boeken en het Nieuwe Testament, het Latijn van de Vulgaat en het Duits van Luther. Daarentegen wordt in joodse kringen in ons taalgebied vooral getranscribeerd.

Voor het verhaal hierover was het alleen eerder de tijd. Dat staat namelijk in m'n bijdrage *Namen in Nederlandse bijbelvertalingen* in de bundel *Leeg en ijdel* die in 2005 onder redactie van Nicoline van der Sijs bij de Sdu verscheen. Wie met getranscribeerde namen wil kennismaken, kan de Hebreeuws-Nederlandse *Tanach* inkijken die Uitgeverij NBG en de Stichting Sja'ar in 2007 hebben gepubliceerd. Wie de gangbare schrijfwijze in de Nieuwe Bijbelvertaling en die in *Tanach* bij elkaar wil zien, kan via de website van het Instituut voor Nederlandse Lexicologie het computerprogramma *Sofeer* downloaden: een woordenboek met spellingchecker dat gewijd is aan Hebreeuwse en Jiddisje woorden in het Nederlands, waaronder bijbelse namen (zie voor nadere gegevens: www.Sofeer.nl).

De tijd voor deze bijdrage is inmiddels ook voorbij, waarom het zinvol is om te bedenken wat Prediker zegt over al ons gezwoeg: *alles is vluchtigheid en najagen van wind*, want *aan het maken van vele boeken is geen einde en veel overwegen vermoeit het lichaam* (Prediker 2:11 en 12:12, SHA).

Drs. H. Heikens studeerde Nederlands en Hebreeuws en was achtereenvolgens leraar, wetenschappelijk medewerker bij een taalinstituut en beleidsmedewerker bij een ministerie. Hij leest met groepen van de Utrechtse Domkerk teksten uit de Hebreeuwse Bijbel, was secretaris van de Katholieke Raad voor Israël, en is voorzitter van de stichting Hebreeuwse en Jiddisje woorden in het Nederlands.

De Bijbel voorgelezen

‘Ook heeft hij de mens inzicht in de tijd gegeven’

Schriftlezing in de joodse liturgie

Dineke Houtman

Inleiding

De titel van dit artikel is ontleend aan het prachtige derde hoofdstuk van het boek Prediker waarin de auteur van dat werk op poëtische wijze beschrijft hoe alles in het leven zijn tijd heeft. In vers 11 van dat gedicht over de vaste tijden staat:

‘God heeft alles wat er is de goede plaats in de tijd gegeven, en ook heeft hij de mens inzicht in de tijd gegeven.’ (Prediker 3:11)

Er wordt niet alleen waargenomen dat alles zijn tijd heeft, maar die orde wordt aan God toegeschreven. Aan de mens heeft hij inzicht gegeven in die goddelijke ordening. De hele Hebreeuwse Bijbel is doordesemd van deze chronologische ordeningen. Het begint natuurlijk al met de schepping die ten grondslag ligt aan het weekritme. Daarnaast is er de ordening van de maanden (Numeri 10:10) die gevierd wordt met offers bij iedere nieuwe maan, en de ordening van de jaren die gevierd wordt met het blazen van de sjofar (Leviticus 23:23). Dan is er het zevenjaarsritme waarbij het zevende jaar een rustjaar is voor het land (Leviticus 25:1-7). Het vijftigste jaar is het jubeljaar waarin alle schulden worden kwijtgescholden en slaven vrijgelaten (Leviticus 25:8-55). Ook zijn er de jaarlijks terugkerende feesten die worden aangeduid met de term *mo’ed* wat ‘vastgestelde tijd’ betekent (Leviticus 23). En zo zijn er nog vele andere voorbeelden te noemen.

Het is dan ook niet verwonderlijk dat er al vroeg bepaalde leesroosters ontstonden voor de schriftlezingen in tempel en synagoge. De Schrift heeft immers een ereplaats bij ‘alles wat er is’ en daaraan zal dus zeker ook door God een goede plaats gegeven zijn in de tijd. De eerste en belangrijkste ordening is dat de schriftlezing thuishoort op de sabbat. Op de sabbat mag de mens weer op verhaal komen door zich te verdiepen in

Gods verhaal als neergelegd in de Tora. We kennen deze gewoonte al uit bijvoorbeeld het boek Handelingen, waar we lezen (Handelingen 15:21):

> 'In haast elke stad wordt de wet van Mozes immers al sinds mensenheugenis verkondigd en op iedere sabbat in de synagogen voorgelezen.'

Dit slaat waarschijnlijk op de sabbatochtenddienst in de synagoge. Uit de rabbijnse literatuur is bekend dat behalve in deze dienst de Tora ook werd gelezen in de sabbatmiddagdienst, en in bijeenkomsten op maandag en op donderdag. De reden daarvoor was waarschijnlijk dat van oudsher op maandag en donderdag markt gehouden werd. Als mensen dan toch al vanuit de omstreken bij elkaar waren gekomen kon dat benut worden voor het Tora-onderricht. In de Talmoed (Baba Kamma 82a) wordt de invoering van deze regel aan Ezra toegeschreven. Er wordt daar echter een meer spirituele verklaring voor gegeven dan het banale feit van de marktdagen:

'Er werd geleerd "Drie dagen trokken ze door de woestijn zonder water te vinden" (Exodus 15:22b). Degenen die graag metaforisch uitleggen zeiden: water betekent niets anders dan Tora, zoals gezegd is "Hierheen! Hier is water, voor ieder die dorst heeft" (Jesaja 55:1a). Het betekent dus dat ze uitgeput raakten als ze drie dagen zonder Tora waren. Daarom stonden de profeten onder hen op en verordineerden dat de Tora publiekelijk gelezen moest worden op sabbat, op zondag onderbroken, op maandag opnieuw gelezen, op dinsdag en woensdag onderbroken, op donderdag opnieuw gelezen, en op vrijdag onderbroken, zodat ze nooit drie dagen achtereen zonder Tora zouden zijn.'

Leesroosters

Dat de Toralezing al vroeg een vast onderdeel was van de synagogedienst op sabbatochtend is wel zeker, maar over de details is niet zoveel bekend. Er zijn uit de eerste eeuwen van de gewone jaartelling in grote lijnen twee leesroosters bekend, een eenjarig rooster dat in Babylonië werd gebruikt en een driejarig rooster uit Palestina. Binnen deze twee verschillende tijdsindelingen was er ook nog variatie mogelijk. Het principe van de roosters was echter hetzelfde: de Tora werd opgedeeld in min of meer gelijke porties die ervoor zorgden dat de hele Tora aan bod kwam in een periode van één of drie jaar. Het betrof een doorlopende lezing waarbij op iedere sabbat werd begonnen waar men de week daarvoor was geëindigd. Een dergelijke doorlopende lezing kon natuurlijk geen recht doen aan de actualiteit van bepaalde feestdagen. Daarom werd op feesten de normale cyclus doorbroken met schriftlezingen die pasten bij het desbetreffende feest.

Zoals in veel joodsreligieuze zaken heeft de Babylonische gewoonte het uiteindelijk gewonnen van de Palestijnse, zodat tegenwoordig in het merendeel van de joodse gemeenschappen ter wereld de Tora in één jaar wordt gelezen. Doorslaggevend is daarbij waarschijnlijk de wetcodex Misjnee Tora van de gezaghebbende joodse geleerde Maimonides (1135-1204) geweest waarin een indeling is opgenomen van de te lezen bijbeldelen volgens het eenjarige systeem. Het mooie van zo'n uniform systeem is dat wereldwijd in alle synagogen dezelfde lezingen klinken op de sabbat. Dat geeft een groot gevoel van verbondenheid. Zo'n eenjarige lezing heeft echter wel als consequentie dat er gemiddeld zo'n vier hoofdstukken per week gelezen moeten worden. Dat is heel veel en dat heeft er in de vorige eeuw toe geleid dat sommige wat meer liberale joodse stromingen weer zijn overgegaan op een driejaarlijkse lezing om de schriftlezingen niet eindeloos lang te laten duren. Het argument daarvoor is didactisch en men weet zich gesteund door het precedent van de aloude Palestijnse cyclus.

De vreugde van de wet

Er zijn vele bijbelteksten die erop duiden dat de Bijbel niet alleen bedoeld is als vermaning maar ook als bron van vreugde en licht. Heel duidelijk wordt dat gemaakt in Nehemia 8 wanneer Ezra, de schrijver, het volk dat net is terug gekeerd uit de ballingschap voorleest uit de wet. Overmand door emoties barstte het volk in tranen uit toen het de woorden van de wet hoorde. Ezra zei echter tegen hen (Nehemia 8:10):

> 'Maak een feestmaal klaar met lekker eten en drinken, en deel ervan uit aan wie niets heeft, want deze dag is gewijd aan onze Heer. Wees niet bedroefd, want de vreugde die de HEER u geeft is uw kracht.'

Dit is in feite de kern van iedere sabbatviering, maar in het bijzonder ook van het feest dat tot op de dag van vandaag wordt gevierd als 'Vreugde der Wet'. Dit feest sluit aan op het Loofhuttenfeest in het najaar, waarop wordt herdacht dat de Israëlieten in loofhutten woonden toen God ze uit Egypte leidde (Leviticus 23:33-43). Op deze dag wordt gevierd dat het woord van de HEER geen einde kent, overeenkomstig het Schriftwoord uit Psalm 119:96:

> 'Aan alles, hoe volmaakt ook, zag ik een einde,
> maar uw gebod is grenzeloos ruim.'

Deze grenzeloze oneindigheid wordt gesymboliseerd door in één bijeenkomst zowel het laatste deel van de Tora als het eerste deel te lezen, waardoor de ketting wordt gesloten en er geen einde meer waarneembaar is. Het is een vrolijk feest, waarbij men al dansend een optocht maakt met de Torarollen in de hand. Het wordt beschouwd als een grote eer om op die dag de schriftlezingen te mogen verzorgen. De lezer van Deuteronomium heet *chatan tora*, 'bruidegom van de Tora'; die van Genesis 1 heet *chatan beresjiet*, 'bruidegom van in het begin', naar de beginwoorden van Genesis. Beide worden met vreugde de synagoge binnengehaald met de woorden van Psalm 118:26:

> 'Gezegend wie komt met de naam van de HEER.
> Wij zegenen u vanuit het huis van de HEER.'

Het feest symboliseert dat God zijn Tora als een bruid aan Israël heeft geschonken. Dat heeft twee kanten: Israël mag zich verheugen in zijn bruid maar is ook verplicht haar trouw te blijven. Het feest lijkt daarom op een bruiloftsfeest, inclusief bruidsuikers, wijn en lekker eten, helemaal in de geest van de uitspraak van Ezra. Ook worden voor deze gelegenheid de Torarollen getooid met de mooiste mantels en kronen als een echte bruid.

Intertekstualiteit, Profeten en Geschriften

Joodse traditie gaat ervan uit dat de Bijbel een geheel is waarin alles met alles samenhangt. Men gelooft dat de Bijbel in principe al wat een mens nodig heeft bevat en dat obscure passages in de Bijbel dus ook altijd kunnen worden verklaard met behulp van diezelfde Bijbel, de zogenaamde Schrift met Schriftverklaring. Vanuit die visie kunnen de Profeten licht werpen op de Tora. Zo ontstond al vroeg de gewoonte om de Toralezing aan te vullen met een lezing uit de Profeten. We kennen deze gewoonte onder andere uit het verhaal van het eerste optreden van Jezus in de synagoge van Nazareth waarbij hij voorleest uit de boekrol van Jesaja (Lucas 4:14-22). Opvallend is overigens dat het gedeelte dat Jezus daar leest, namelijk Jesaja 61:1-2, niet in de ons bekende leesroosters voorkomt. We weten dus ook niet bij welke Toralezing het gedeelte hoorde. Het kan zijn dat het een verloren gegaan leesrooster betreft, maar het is ook mogelijk dat het later uit de gangbare leesroosters gehaald is juist omdat dit gedeelte zo'n belangrijke rol is gaan spelen in het christendom.[1]

De combinaties van Tora en Profeten zijn alles behalve toevallig. De Profetenlezingen zijn gekozen als aanvulling op, en uitleg van, de Tora en hebben vaak een opbouwend en troostrijk karakter. Enerzijds diende de Profetenlezing dus als een soort intertekstuele uitleg en aanvulling op de Tora. Anderzijds had het ook een functie in de opbouw van de gemeente. Er is een wezenlijk verschil tussen de plaats van de Profeten in de eredienst en die van de Tora. Dit heeft te maken met een zekere hiërarchie. De Tora is het hart van de eredienst en moet in haar geheel klinken. De Profeten staan ten dienste van de Tora en slechts geselecteerde passages hebben een vaste plaats in de eredienst. Natuurlijk worden de Profeten als deel van de Hebreeuwse Bijbel geëerd en bestudeerd, maar de bestudering heeft vooral plaats in het onderwijs en de persoonlijke devotie.

Wat betreft de Geschriften is de situatie nog weer anders, daar moet een onderscheid gemaakt worden tussen Psalmen, Feestrollen en overige Geschriften. De Psalmen hebben een belangrijke rol in de eredienst, maar dan in de sfeer van lofprijzing en niet van onderricht. Zo worden op sommige feestdagen de Psalmen 113-118 in hun geheel gereciteerd of gezongen als lofprijzing.

Van de Geschriften hebben nog vijf andere boeken een uitzonderingspositie omdat ze een rol spelen op belangrijke feestdagen. Ze worden daarom feestrollen genoemd. Het gaat om de volgende boeken: Hooglied wordt gelezen met Pesach, Ruth op het Wekenfeest, Klaagliederen op de 9e Av, de dag waarop de verwoesting van de Tempel wordt herdacht, Prediker wordt gelezen tijdens het Loofhuttenfeest, en Esther met Poerim. Er is hierbij sprake van een sterk seizoensbepaald ritme, terwijl er tegelijkertijd een thematische samenhang is tussen feest en bijbehorende schriftlezing. De andere boeken van de Geschriften hebben geen plaats in de liturgie.

Targoem

De bijbellezingen zijn altijd in het Hebreeuws. Het Hebreeuws is de Heilige taal en die moet onder alle omstandigheden blijven klinken. Op een gegeven moment was dit echter niet meer voor iedereen begrijpelijk omdat het Aramees het Hebreeuws als dagelijkse spreektaal had verdrongen in Palestina. Er ontstond toen, waarschijnlijk ergens in de tweede eeuw volgens de christelijke jaartelling, een traditie waarin de Hebreeuwse schriftlezingen werden gevolgd door een Aramese vertaling, de zogenaamde Targoem.

Deze Targoem was niet een heel letterlijke, maar vooral een uitleggende vertaling. De vertaling beoogde de schrift op een begrijpelijke wijze onder de mensen te brengen. Daarbij werden soms ook intertekstuele verbanden die niet gemakkelijk door leken konden worden opgemerkt in de vertaling iets sterker aangezet. De gezaghebbende vertaling van de Tora wordt Targoem Onkelos genoemd en die van de Profeten Targoem Jonathan, naar de vermoede auteurs.

Behalve de gezaghebbende targoems bestaan er ook nog alternatieve vertalingen op sommige Schriftgedeelten, zowel van de Tora als de Profeten. Deze vertalingen worden 'tosefta targoems' genoemd. Dat betekent zoiets als 'toegevoegde targoems'. Deze tosefta targoems, die ook wel Palestijnse targoems genoemd worden omdat ze worden geassocieerd met de uitlegpraktijk van Palestina, zijn vaak veel vrijer en interpretatiever dan de vertalingen die in de gezaghebbende Targoems worden gegeven. Behalve dat ze gebruik maken van de genoemde Schrift met Schriftverklaring, waarbij de Profeten licht kunnen werpen op de Tora, maken ze ook gebruik van traditionele interpretaties van bepaalde verzen zoals die te vinden zijn in de klassieke joodse uitlegliteratuur als Talmoed en Midrasj, ook wel *agada* genoemd. Hoewel er strikte regels waren betreffende toegestane vertalingen werden deze bloemrijkere versies op een gegeven moment toch erg populair, vooral als toevoegingen bij lezingen op de feestdagen. De nieuw ontstane gewoonte om deze tosefta targoems een plaats te geven in de liturgie werd als volgt beschreven door de middeleeuwse Talmoedgeleerde Juda ben Barzillai (Spanje, einde elfde, begin twaalfde eeuw):

> 'En de Palestijnse Targoem waarin veel agadische toevoegingen voorkomen, de gebedsleiders putten daar spontaan uit en men zegt dat het geoorloofd is ze uit te spreken in de synagoge omdat het uitleg betreft.'

De roeping van Abraham en het verbond

Laten we eens een zo'n combinatie van Tora en Profeten wat nader bekijken. Op de derde sabbat van de jaarlijkse leescyclus worden de hoofdstukken Genesis 12 tot en met 17 gelezen over de roeping van Abraham en Gods verbond met hem. Daarbij wordt als Profetenlezing Jesaja 40:27-41:16 gelezen, waarin Gods trouw aan het verbond wordt bezongen. Het is in dit geval niet zo moeilijk te zien waarom juist deze delen zijn gekozen als Profetenlezing bij de Toralezing. In Jesaja 41:8-9, bijvoorbeeld, wordt

Israël aangesproken als nakomeling van Gods vriend Abraham. Israël is het kind van de belofte waarvan in Genesis 15 werd gesproken:

> 'Maar jou, Israël, mijn dienaar,
> Jakob, die ik uitgekozen heb,
> nakomeling van Abraham, mijn vriend,
> jou die ik heb weggehaald van de einden der aarde,
> die ik van haar verste uithoeken terugriep –
> jou zeg ik: Jij bent mijn dienaar,
> jou heb ik gekozen, ik heb je niet afgewezen.' (Jesaja 41:8-9)

In de Targoem wordt het verband echter nog explicieter gemaakt door het hoofdstuk als het ware naar Genesis toe te vertalen. Ik geef de vertaling van de Hebreeuwse tekst van Jesaja 41:2 en de vertaling van de Targoem van hetzelfde vers in parallelle kolommen.

Jesaja 41:2	Targoem Jesaja 41:2
'Wie liet in het oosten de overwinning dagen, wie heeft de bevrijder laten opstaan? Wie levert volken aan hem uit en onderwerpt koningen aan hem? Zijn zwaard maakt hen tot stof, zijn boog laat hen als kaf verwaaien'	'Wie bracht Abraham openlijk uit het oosten; waarlijk de uitverkorene in rechtvaardigheid? Hij bracht hem naar zijn plaats en leverde volken aan hem over en verpletterde koningen. Hij verstrooide de gesneuvelden als stof voor zijn zwaard, als kaf vervolgde hij ze voor zijn boog'

Het Hebreeuws van dit vers is lastig te begrijpen. Dit bracht de vertaler tot zijn plicht om in dit geval niet letterlijk te vertalen, maar te zoeken naar de mogelijke betekenis en die dan weer te geven zonder het Hebreeuws geweld aan te doen. Daarbij werden bepaalde woorden opgevat als hints in de richting waarvan de ware betekenis gezocht moest worden. Die woorden waren 'oosten' en het Hebreeuwse woord *tsedeq* dat hier in de NBV vertaald is als 'overwinning', maar dat ook alles te maken heeft met 'rechtvaardigheid'. Abraham werd traditioneel gezien als de rechtvaardige bij uitstek. We kennen dit uit het Nieuwe Testament (zie bijvoorbeeld Romeinen 4:3, 13 en Galaten 3:6), maar ook de rabbijnse literatuur staat er vol van. In een tosefta targoem op Jesaja 33:7 noemen de engelen Abraham zelfs 'de rechtvaardige omwille van wiens rechtvaardigheid de aarde werd gegrondvest'. En was deze rechtvaardige niet geroepen uit Ur der Chaldeeën in het oosten? En zou dan die onderwerping van de koningen niet slaan op wat verhaald werd in Genesis 14 over Abrahams strijd tegen Kedorlaomer en diens bondgenoten?

Er is ook een tosefta targoem op dit vers overgeleverd en zoals we zullen zien maakt die het verband tussen de beide schriftlezingen nog veel explicieter:

> 'De heersers en koningen verzamelden zich om strijd te leveren tegen Abraham, de uitverkorene, en ze legerden zich voor hem. Des nachts verdeelde hij zichzelf tegen hen en doodde vier van hun koningen en het waren elf kampen. En Abraham, de rechtvaardige, overdacht en zei bij zichzelf: alle volkeren der aarde zullen zeggen "hij heeft de koninkrijken onderworpen", en dat mijn huis zich gevuld heeft met (de bezittingen van) hun gevangenen. (Ik zweer) een eed in de naam van de Allerhoogste dat ik volstrekt niets wil aannemen van hun gevangenen, nog geen draad of schoenriem, uitgezonderd dat wat de jonge mannen gegeten hebben. [...] In waarheid en waarachtigheid. [...]
> Ik heb hem beproefd en geheiligd met tien beproevingen en hij aarzelde niet. En Ik zei hem: "Wees niet bang voor je vijanden. Ik zal bij je zijn, je vermenigvuldigen, en je talrijk maken. Ik zal je gebed verhoren en je nakomelingen zullen talrijk zijn als de sterren aan de hemel en als het zand der zee en het stof der aarde." En hij vertrouwde op het woord van de Heer zoals geschreven staat: "Wie bracht Abraham openlijk uit het oosten; waarlijk de uitverkorene in rechtvaardigheid? Hij bracht hem naar zijn plaats en leverde volken aan hem over en verpletterde koningen. Hij verstrooide de gesneuvelden als stof voor zijn zwaard, als kaf vervolgde hij ze voor zijn boog."'

Deze tosefta targoem begint met de oorlog tegen de koningen als beschreven in Genesis 14. De traditie dat hij zichzelf 's nachts verdeelde is gebaseerd op Genesis 14:15 waar staat dat Abraham van verschillende kanten tegelijk aanviel. De eed is gebaseerd op Genesis 14:22-24. Vervolgens wordt verwezen naar de tien beproevingen van Abraham. Dat is een zeer oude traditie waarvan al melding wordt gemaakt in het boek Jubileeën, dat waarschijnlijk uit de tweede eeuw voor Christus stamt. Deze traditie komt in allerlei gedaantes terug in de rabbijnse literatuur. De bevestiging en belofte die God vervolgens aan Abraham geeft zijn ontleend aan Genesis 15. Volgens de meest gangbare lijst van de tien beproevingen is Abrahams visioen en het zogenaamde 'verbond tussen de delen' uit Genesis 15 de zevende beproeving in de rij. In vers 6 van Genesis 15 staan dan de beroemde woorden 'Abram vertrouwde op de HEER en deze rekende hem dit toe als een rechtvaardige daad.' Het Hebreeuwse woord dat hier gebruikt wordt voor 'rechtvaardige daad' is verwant aan het sleutelwoord *tsedeq* in Jesaja 41:2. Daarmee is de cirkel rond en komt de vertaler uit op de gezaghebbende Targoem van Jesaja 41:2.

De tosefta targoem heeft hier haast een preekkarakter. Het brengt de verschillende lezingen in nauw verband met elkaar en toont op die manier aan dat de Schrift beschouwd moet worden als één onlosmakelijk geheel. Maar het doet meer, want door het verhaal van Abraham zo te verbinden met de bemoedigende profetie uit Jesaja wordt het eeuwenoude verhaal geactualiseerd en wordt de gemeente gesticht met het voorbeeld van Abraham die tegen alle waarschijnlijkheid in geloofde wat God hem had beloofd en het werd hem tot gerechtigheid gerekend. Zo mag ook de horende gemeente zich de woorden van de profetie uit Jesaja 41 toe-eigenen en mag, nee moet, zij vertrouwen op Gods uiteindelijke verlossing ook al lijkt die op dat moment nog onwaarschijnlijk.

Samenvatting

Het doorlopende joodse leesrooster[2] waarbij eind en begin van de Tora tijdens het feest van de Vreugde der Wet feestelijk met elkaar worden verbonden om zo een oneindige cirkel te vormen wil ons twee dingen leren. Ten eerste staat de manier van verbinden symbool voor de grenzeloze ruimte van Gods Tora waaraan nooit een einde zal komen. Ten tweede getuigt het van het belang van ordening in de tijd. Door de Tora in haar geheel een vaste plaats te geven in het jaar is er geen ruimte meer voor willekeur en is men ervan verzekerd dat alle verzen, ook de moeilijke en minder aantrekkelijke passages, een keer per jaar zullen klinken. Dat dit alleen geldt voor de Tora en niet voor de Profeten en de Geschriften zegt iets over de onderlinge hiërarchie van die drie delen van de Hebreeuwse Bijbel hebben in de joodse traditie. Hoe belangrijk de twee andere delen van de Hebreeuwse Bijbel ook zijn, alleen de Tora is de bruid van Israël.

1 Dit laatste is een theorie die is ontwikkeld door de Israëlische Talmoedgeleerde Hananel Mack aan de hand van een aantal voor het christendom belangrijke oudtestamentische passages.

2 Over het joodse leesrooster zie ook: *Tanach*, Heerenveen: Uitgeverij NBG & Stichting Sja'ar, 2007, x-xxi.

Literatuur

Y. Aschkenasy e.a., *Tenachon over de feesten. De joodse feesten en gedenkdagen belicht uit Tenach, Talmoed en Midrasj, beluisterd in de liturgie en bij de grote joodse verklaarders van de Middeleeuwen tot heden*, Hilversum: B. Folkertsma Stichting voor Talmudica, 1998.

C. Perrot, 'The Reading of the Bible in the Ancient Synagogue', in: M.J. Mulder & H. Sysling (red.), *Mikra: Text, Translation, Reading and Interpretation of the Hebrew Bible in Ancient Judaism and Christianity*, Assen/Maastricht: Van Gorcum, 1988, 137-159.

Prof. dr. A. Houtman studeerde Semitische talen en culturen in Groningen en Jeruzalem. Ze promoveerde aan de Universiteit Utrecht op joodse halachische literatuur. Sindsdien houdt zij zich vooral bezig met joodse Aramese bijbelvertalingen. Zij doceert Semitische talen aan de Protestantse Theologische Universiteit en is daarnaast bijzonder hoogleraar Jodendom met speciale aandacht voor de relatie jodendom-christendom.

De Bijbel vertaald en voorgelezen

Het rooms-katholieke Lectionarium veertig jaar in dienst

Leo van den Bogaard

Lectionarium en Willibrordvertaling

Sinds 8 september 2008 staat de tekst van de Schriftlezingen, zoals die dagelijks in de rooms-katholieke kerk in de eucharistieviering worden gelezen, op de website van de Katholieke Bijbelstichting.[1] Daarmee zijn de lezingen uit het Lectionarium van de rooms-katholieke kerk voor een breed publiek toegankelijk geworden. Vaak wordt gedacht dat in het Lectionarium precies dezelfde tekst staat als in de 'oude' Willibrordvertaling (Willibrordvertaling 1975). Dat is echter niet het geval. De overeenkomsten zijn groot, maar er zijn ook verschillen.

Wat is het Lectionarium?

Het Lectionarium bevat de officiële lezingen voor kerkdiensten van de rooms-katholieke kerk, zoals die in opdracht van het Tweede Vaticaans Concilie zijn uitgekozen.[2] Het zijn telkens stukjes van 6 à 7 verzen uit de Bijbel, de ene keer wat langer, de andere keer wat korter. Welk bijbelgedeelte voor een bepaalde dag is voorgeschreven, is te vinden in het *Directorium voor de Nederlandse Kerkprovincie*.[3]

In het volgende beperken we ons tot de zeven delen die van het Lectionarium zijn uitgegeven. Er zijn drie boeken waarin een driejarige cyclus van zondagslezingen is opgenomen. In het A-jaar staat het Evangelie volgens Matteüs centraal, in het B-jaar dat van Marcus en in het C-jaar dat van Lucas. Daarnaast is er een viertal boeken waarin de lezingen voor de weekdagen zijn opgenomen. Om precies te zijn, staan in deel I de lezingen voor de weekdagen in de Advent, de Kersttijd, de Veertigdagentijd en de Paastijd. In deel II die voor de vierendertig weken door het jaar van jaar I (de oneven jaren) en in deel III die van jaar II (de even jaren). Ten slotte zijn in deel IV de lezingen opgenomen voor de viering van heiligenfeesten, voor de viering of verjaardag van de kerkwijding, voor de feesten van Maria, van martelaren, pastores, kerkleraren, maagden en andere heiligen. De zeven delen van het Lectionarium (A, B, C, I, II, III en IV) zijn verschenen tussen 1969 en 1974.

Daarnaast bestaan er speciale 'lectionaria' waaruit gelezen wordt bij de toediening van de sacramenten en er is een 'lectionarium' voor missen ter ere van de heilige maagd Maria. Deze laten we hier buiten beschouwing.

Wat is de Willibrordvertaling?

De Willibrordvertaling is – in tegenstelling tot het Lectionarium – een vertaling van de gehele Bijbel. Over de vertaling zelf komen we later te spreken. In verband met de vergelijking met het Lectionarium is het belangrijk te weten dat deze vertaling – evenals het Lectionarium – niet in één keer als compleet boek van Genesis tot en met Openbaring is verschenen. De Willibrordvertaling is in een periode van vijftien jaar in een aantal delen voltooid. Eerst zijn het Nieuwe Testament in 1961 en het Oude Testament (vijf losse delen, 1966-1973) verschenen. Pas in 1975 verscheen de complete Bijbel; daarvan verscheen in 1978 een derde druk, die we als de definitieve tekst van de Willibrordvertaling mogen beschouwen.

Weliswaar was de Willibrordvertaling in 1975 voltooid, maar achteraf bleek de vertaling toch niet één geheel te vormen. Daarom werd al spoedig begonnen aan een herziening. In 1982 verscheen een nieuwe vertaling van de Psalmen, in 1987 van de Evangeliën en Handelingen, in 1992 een herziening van het Nieuwe Testament, waarin de vertaling van de Evangeliën en Handelingen uit 1987 was opgenomen. In 1995 verscheen de geheel herziene uitgave van de Willibrordvertaling, gereviseerd aan de hand van de uitgaven uit 1982, 1987 en 1992.

De verschillen tussen Lectionarium en Willibrordvertaling

Historisch bezien

Uit het voorgaande blijkt dat bijna alle delen van het Lectionarium, op één deel na, zijn verschenen tijdens het ontstaansproces van de Willibrordvertaling. Globaal kan men zeggen dat alleen de bijbelboeken Genesis tot en met Koningen, en het Nieuwe Testament reeds vóór het ontstaansproces van de lectionaria voorhanden waren. Later kwamen daar de boeken Kronieken tot en met Makkabeeën bij. In ieder geval heeft men (behalve voor deel IV van het Lectionarium, dat in 1974 is verschenen) geen gebruik kunnen maken van de voltooide Willibrordvertaling van de boeken Jesaja tot en met Maleachi, en Job tot en met Sirach. In het Lectionarium is van één bijbelboek helemaal niet de Willibrordvertaling opgenomen: Psalmen. Dat is opgenomen in de vertaling van Ad.W. Bronkhorst: Psalterium voor gemeenschapsgebed (1969).[4]

EERSTE ZONDAG VAN DE ADVENT

1 EERSTE LEZING *Jes., 2, 1-5*

De Heer verzamelt alle volkeren in de eeuwige vrede van het rijk van God.

Uit de Profeet Jesaja

1 Visioen van Jesaja, de zoon van Amos,
over Juda en Jeruzalem.
2 Op het einde der dagen
zal de berg waarop de tempel van de Heer staat,
oprijzen boven alle bergen
en uitsteken boven alle heuvels.
Alle volkeren zullen erheen stromen
3 en talloze naties erheen trekken.
Zij zullen zeggen :
,,Kom, laat ons optrekken naar de berg van de Heer,
naar de tempel van Jakobs God.
,,Hij zal ons zijn wegen wijzen
en wij zullen zijn paden bewandelen.
,,Want uit Sion komt de Wet,
hot Woord van do Hoor uit Joruzalom.
4 ,,Oordelen zal Hij de volkeren,
rechtspreken over de talloze naties.
,,Zij zullen hun zwaarden omsmeden tot ploegijzers,
hun speren tot sikkels.
,,Geen volk zal nog het zwaard trekken tegen een ander,
en niemand zal nog leren oorlog voeren.
5 ,,Huis van Jakob, kom,
• laat ons wandelen in het licht van de Heer."

Bladzijde uit het Lectionarium, A-jaar, Desclée de Brouwer, 1969

De bijbelboeken die nog niet in de Willibrordvertaling waren gepubliceerd, heeft men voor opname in het Lectionarium grotendeels gebaseerd op de vertaling die reeds in de vorm van de commentaarreeks *De Boeken van het Oude Testament* beschikbaar was en op vertalingen uit een voorstadium van de Willibrordvertaling, voor zover die voorhanden waren. Dit had tot resultaat dat er vertalingen in het Lectionarium te vinden zijn, die in latere versies van de Willibrordvertaling zijn teruggedraaid, zoals '(...) en een hevige wind joeg de wateren op.' (Genesis 1:2; ABC, 68). Hier volgt het Lectionarium nog de tekst van de Willibrordvertaling uit 1966. Deze vertaling had in de jaren zestig opgeld gedaan, maar was in 1975 reeds uit de Willibrordvertaling verdwenen; daar stond weer de traditionele vertaling: '(...) en de geest van God zweefde over de wateren.' Ook in de (Nova) Vulgata treffen we deze interpretatie niet aan. Soms is de herkomst van een vertaling helemaal niet te traceren, bijvoorbeeld in Jesaja 42:1: in plaats van 'openbaar maken' (WV78) of 'bekendmaken' (WV95) heeft het Lectionarium de vertaling 'laten stralen'.

Verschillen in de vertaling

Uit het bovenstaande valt af te leiden dat de tekst van de Willibrordvertaling niet zonder meer is overgenomen als deze voorhanden was. In het algemeen heeft men bij de vertaling van het Lectionarium trouwens altijd ook gekeken naar de interpretatie van de Latijnse bijbelvertaling, de Vulgaat. De Vulgaat (en met name de Nova Vulgata) wordt door de rooms-katholieke kerk beschouwd als de richtinggevende tekst voor de interpretatie van de Bijbel.[5] Dit is bij de Willibrordvertaling niet aan de orde, omdat deze vertaling is gebaseerd op de Hebreeuwse, Aramese en Griekse brontekst. De Vulgaat is zelf al een vertaling (in het Latijn), en dat geldt ook voor de Nova Vulgata, die nog strikter in haar weergave van de bronteksten is dan haar voorloper, de Sixto-Clementina.[6]

Los van de ontstaansgeschiedenis zijn er in het algemeen diverse verschillen tussen het Lectionarium en Willibrordvertaling te vinden. Deze berusten op het feit dat de bijbellezingen in het Lectionarium moeten fungeren in een liturgisch geheel, zoals weergegeven in het Altaarmissaal. Liturgie vereist dat alles een éénstemmig geheel vormt (het 'ensemble'), met een eenheid van stijl als grondpatroon. De Willibrordvertaling, die een eigentijdse, maar wetenschappelijk verantwoorde vertaling van een Hebreeuwse, Aramese en Griekse tekst is, draagt een ander karakter dan de plechtstatige gebedstekst van het Altaarmissaal. Een voorbeeld is het gebruik van 'u' en 'gij' en de werkwoordsvormen die daarbij horen: 'u had' en 'gij hadt' of 'u zou' en 'ge zoudt', maar ook: 'recht en billijkheid' (Lectionarium) naast 'gerechtigheid en recht' (WV; Spreuken 21:3).

De Godsnaam

Een ander verschil betreft de weergave van de Godsnaam in het Oude Testament. In de Willibrordvertaling 1975 wordt de Hebreeuwse Godsnaam JHWH voluit geschreven als *Jahwe*. In de inleidingen op de Willibrordvertaling 1975, onder 'Wenken voor de lezer', kan men echter lezen dat voor het gebruik in de liturgie de naam 'Heer' de voorkeur heeft. Reeds de oude kerk sprak, in navolging van de joden, de Godsnaam namelijk niet uit en verving deze door het Griekse *Kurios*, 'Heer'. De herziene Willibrordvertaling doet dat ook, maar laat door middel van het kleinkapitaal zien dat hier de Godsnaam wordt weergegeven: HEER. Deze komt ook voor in de combinatie 'de Heer GOD'.

In het Lectionarium is in het geval van de Godsnaam niet altijd te zien welke woordverbinding in de brontekst gestaan heeft. In Genesis 8:21 bijvoorbeeld (Lectionarium II, 65) staat 'God de Heer', terwijl in de Hebreeuwse brontekst alleen de Godsnaam JHWH staat, en daarmee correspondeert in de (Neo-)Vulgaat *Dominus* ('de Heer') en in de Willibrordvertaling 1966 'Jahwe'. De Griekse Septuagint heeft *kurios ho theos* ('de Heer God').

Voorbeeld: Jesaja 63:17

Onderstaande passage uit Jesaja 63:17 laat zien hoe de verschillen in de vertaling, onder andere van de persoonlijk voornaamwoorden en de Godsnaam, in het Lectionarium en de Willibrordvertalingen uitpakken. In de commentaarreeks *De Boeken van het Oude Testament* (Deel IX, 1972) luidt de vertaling van deze passage: 'Waarom, Jahweh, hebt gij ons van uw wegen laten afdwalen, waarom ons hart laten verharden, zodat het u niet vreest? Keer terug omwille van uw dienaren, de stammen die uw bezit zijn.'

Lectionarium (1969)	Willibrord-vertaling (1972)	Willibrord-vertaling (1975/1978)	Willibrord-vertaling (1995)
Waarom Heer liet Gij ons van uw wegen afdwalen zodat ons hart verstokt werd en U niet meer vreesde? Keer U weer tot ons omwille van uw dienaren. Omwille van de stammen die uw eigendom zijn.	Waarom, Jahwe, liet gij ons afdwalen, en maakte gij ons zo halsstarrig, dat wij u niet meer vreesden? Wordt weer als vroeger voor uw dienaars, voor de stammen die uw eigendom zijn.	Waarom, Jahwe, liet Gij ons van uw wegen afdwalen, waarom liet Gij ons hart verstenen, dat het U niet meer vreest? Keer terug, wees uw dienstknechten ter wille, de stammen die uw eigendom zijn.	Waarom, HEER, liet U ons van uw wegen afdwalen, waarom liet U ons hart verstenen, zodat het U niet meer vreest? Keer terug, omwille van uw dienstknechten, de stammen die uw eigendom zijn.

Het Lectionarium is een voorleestekst

Het Lectionarium is een tekst om (in de kerk) voor te lezen. Er worden korte gedeelten uit de Bijbel gelezen, waarbij kan het voorkomen dat de tekst midden in een langere eenheid begint, zodat onduidelijk is waarop de openingszin betrekking heeft. Daarom staan in het Lectionarium aan het begin van de lezing meestal inleidende woorden (in het Latijn *incipit* geheten), zoals 'In die tijd', 'In die dagen', 'Broeders en zusters', 'Geliefden', of 'Dit zegt de Heer.'

Een andere manier van openen van de tekst is het expliciteren van wat eraan voorafging. Zo opent Johannes 6:22 (Lectionarium B, 187) met: 'Het volk dat aan de ene kant van het meer was gebleven/na de wonderbare broodvermenigvuldiging, (...)' Hier voegt het Lectionarium de zinsnede 'na de wonderbare broodvermenigvuldiging' in, wat wel zinvol is in verband met de situering van het geheel waarin op deze episode wordt teruggegrepen. Maar het is de vraag of dit moet gebeuren met de interpretatieve term 'wonderbare broodvermenigvuldiging', waarvan immers in de tekst (óók de voorafgaande) geen sprake is.

Soms moet in de tekst expliciet gemaakt worden wie aan het woord is. In een lang stuk als Marcus 6:31-8:26 komt de naam 'Jezus' niet voor. Om duidelijk te maken wie met 'Hij' wordt bedoeld, wordt het persoonlijk voornaamwoord vervangen door 'Jezus'.

In het Lectionarium is speciale aandacht geschonken aan de voorleesbaarheid. De tekst is dan ook weergegeven in zinseenheden die telkens op een nieuwe regel beginnen. Dat bevordert de leesbaarheid van de tekst, en daarmee het correcte voorlezen en het verstaan van de tekst. Dat neemt overigens niet weg dat degene die voorleest, zich goed moet voorbereiden om de juiste zins- en woordklemtonen te leggen (bijvoorbeeld niet steevast op het laatste woord van de zin) en zich op de hoogte moet stellen van de juiste uitspraak van de plaats- en eigennamen.

Tot slot: enkele voorbeelden

Lucas 17:6

Om een indruk van de verschillen in stijl te geven volgt hier een voorbeeld van een vers dat op maandag 10 november 2008, de feestdag van de H. Leo de Grote, wordt gelezen:

Willibrordvertaling (1961)	Lectionarium (deel III, 1971)	Willibrordvertaling (1995)
De Heer antwoordde: 'Als ge een geloof hadt als een mosterdzaadje, zoudt ge tot die moerbeiboom zeggen: Maak uw wortels los uit de grond en plant u in de zee, en hij zou u gehoorzamen.	De Heer antwoordde: 'Als ge een geloof hadt als een mosterdzaadje, zoudt ge tot die moerbeiboom zeggen: Maak uw wortels los uit de grond en plant u in de zee, en hij zou u gehoorzamen.'	De Heer zei: 'Al heb je maar een vertrouwen als een mosterdzaadje, als je tegen die moerbeiboom daar zegt: "Kom met wortel en al uit de grond en verplant je naar zee", dan zou hij je gehoorzamen.'

De lectionariumtekst is identiek met de Willibrordvertaling 1978 en er is een verschil in stijl tussen deze twee en de Willibrordvertaling 1995. 'Ge (hadt, zoudt)' klinkt plechtstatiger dan 'heb je'. Datzelfde is het geval met 'Maak uw wortels los' en 'kom met wortel en al'. In het algemeen gebruikt de Willibrordvertaling 1995 gemakkelijker 'jij' als een hogergeplaatste tot een gelijke of lagergeplaatste spreekt (vergelijk Lucas 2:48-49). Ten slotte is de zinsstructuur van de twee eerste vertalingen anders, misschien moeilijker, dan die van de derde: 'Als ge… zoudt ge… en hij' tegenover 'Al heb je maar… als je… dan zou hij'.

Genesis 1:2

Willibrord-vertaling (1966)	Lectionarium (1969/1970/1971)	Willibrord-vertaling (1975)	Willibrord-vertaling (1995)
De aarde was woest en leeg; duisternis lag over de diepte, en een hevige wind joeg de wateren op.	De aarde was woest en leeg; duisternis lag over de diepte en een hevige wind joeg de wateren op.	De aarde was woest en leeg; duisternis lag over de diepte, en de Geest van God zweefde over de wateren.	De aarde was woest en leeg; duisternis lag over de diepte, en de geest van God zweefde over de wateren.

Het Lectionarium heeft de interpretatie uit de Willibrordvertaling van 1966 overgenomen, maar in 1975 is men daarop teruggekomen. In het Hebreeuws staat er *roeach elohiem*. Het probleem is, dat beide woorden twee betekenissen hebben: *roeach* kan zowel 'wind' als 'geest' betekenen en *elohiem* zowel 'God' als een overtreffende trap (zoals 'grootst'). Vandaar de twee mogelijkheden.

Jona 3:2

Lectionarium (1969)	Willibrord-vertaling (1972)	Willibrord-vertaling (1975/1978)	Willibrord-vertaling (1995)
'Begeef u op weg naar Ninive, de grote stad, en verkondig haar de boodschap die Ik u zal geven.'	Sta op, ga naar Nineve, de grote stad Nineve, en zeg haar aan wat ik u te zeggen heb gegeven.	'Sta op, ga naar Nineve, de grote stad Nineve, en zeg haar aan wat Ik u te zeggen heb gegeven.'	'Sta op, ga naar Nineve, de grote stad, en kondig haar aan wat Ik u te zeggen heb gegeven.'

Jona 3:2 behoort tot de teksten die tijdens het samenstellen van het Lectionarium nog niet in de Willibrordvertaling voorhanden waren. Hier valt in de eerste plaats de schrijfwijze van de plaatsnaam op: 'Nin*e*ve' in plaats van 'Nin*i*ve'. Sinds 1968 houden de bijbelorganisaties zich aan een uitspraak – en schrijfwijze – die zoveel mogelijk aansluit bij de oorspronkelijke uit-

spraak in het Hebreeuws en Grieks. Ook in de vertaling van het zich op weg begeven speelt het Hebreeuws een rol; daar staat niet één woord, maar staan er twee. De Willibrordvertaling brengt ze apart tot uitdrukking: 'Sta op, ga.' Dat doet ook de (Neo-)Vulgaat: *surge(,) (et) vade*. Daarnaast is het moeilijk gebleken het verkondigen, aanzeggen of aankondigen goed weer te geven. Het Hebreeuws heeft 'roep', iets wat we in sommige andere vertalingen aantreffen. Het Lectionarium heeft zich klaarblijkelijk gericht naar de Latijnse tekst: *praedica (...) praedicationem*, letterlijk 'preek de prediking.' Overigens staat in de commentaarreeks *De Boeken van het Oude Testament* (Deel XII: 1953) weer een andere vertaling: 'Maak u op, vertrek naar Ninive, de grote stad, en breng haar de prediking, die Ik u heb bevolen.'

Jesaja 55:10-11

Lectionarium I (dinsdag in de 1e week in de Veertigdagentijd)	Lectionarium A (15e zondag door het jaar)
Zo spreekt God de Heer: 'Zoals de regen en de sneeuw uit de hemel vallen en daar pas terugkeren wanneer zij de aarde hebben gedrenkt, haar hebben bevrucht zodat zij groen wordt, wanneer zij het zaad aan de zaaier hebben gegeven en het brood aan de eter, zo zal het ook gaan met het woord dat komt uit mijn mond; het keert niet vruchteloos naar Mij terug; het keert pas weer wanneer het Mijn wil volbracht heeft en zijn zending heeft vervuld.'	Zo spreekt de Heer: 'Zoals de regen en de sneeuw uit de hemel vallen en daar pas terugkeren wanneer zij de aarde hebben gedrenkt, haar vruchtbaar hebben gemaakt en haar met groen hebben bedekt, wanneer zij het zaad aan de zaaier hebben gegeven en het brood aan wie moet eten; zó zal het ook gaan met het woord dat komt uit mijn mond; het keert niet vruchteloos naar Mij terug; het keert pas weer wanneer het Mijn wil heeft volbracht heeft en zijn zending heeft vervuld.'

Ook Jesaja 55:10-11 is een tekst die tijdens het samenstellen van het Lectionarium nog niet in de Willibrordvertaling voorhanden was. In het Lectionarium I is er – los van het hoofdlettergebruik[7] – echter anders vertaald dan in het Lectionarium A. De verschillen tussen beide lezingen zijn weliswaar niet groot, maar het is strijdig met het gedachtegoed van het Lectionarium en van de Vaticaanse instructie *Liturgiam authenticam* (2001) dat dezelfde tekst op twee verschillende manieren wordt vertaald. De zinnetjes 'haar hebben bevrucht zodat zij groen wordt' (I) en 'haar vruchtbaar hebben gemaakt en haar met groen hebben bedekt' (A) lijken weliswaar op elkaar, maar 'bevruchten' en 'vruchtbaar maken' is toch niet hetzelfde. Overigens benadert de vertaling 'bevrucht' wellicht het best wat in het Hebreeuws staat en dit staat ook in de Willibrordvertaling 1978 en 1995. De beide lectionariumteksten verschillen ook waar het gaat om het onderwerp van het groen worden: in deel I zijn dat het (niet met zoveel woorden genoemde) planten; in deel A hebben de regen en de sneeuw de aarde met groen bedekt. De Willibrordvertaling vertaalt het Hebreeuws in 'met planten bedekt'. De protestantse Nieuwe Vertaling (NBG, 1951) is nog letterlijker: 'en doet haar uitspruiten.'

Matteüs 21:28-32

Willibrordvertaling (1961, 1975, 1978)	Willibrordvertaling (1995)
Wat denkt ge van het volgende? Een man had twee zonen. Hij ging naar de eerste toe en zei: Mijn zoon, ga vandaag werken in mijn wijngaard. Goed vader, antwoordde deze, maar hij deed het niet. Toen ging hij naar de tweede en zei hetzelfde. Deze antwoordde: Neen, ik wil niet; maar later kreeg hij spijt en ging toch. Wie van de twee heeft nu de wil van zijn vader gedaan? Ze zeiden: de laatste. Toen zei Jezus hun: Voorwaar, Ik zeg u: de tollenaars en de ontuchtige vrouwen gaan eerder dan gij het Rijk Gods binnen. Johannes kwam tot u en beoefende de gerechtigheid; toch hebt gij hem geen geloof geschonken, terwijl de tollenaars en de ontuchtige vrouwen hem wel geloof schonken. Maar zelfs, nadat ge dit hadt gezien, zijt ge toch niet tot inkeer gekomen en hebt ge hem geen geloof geschonken.	'Maar wat denkt u hiervan? Iemand had twee zonen. En hij ging naar de eerste en zei: "Jongen, ga vandaag in de wijngaard werken." Hij antwoordde: "Nee, ik wil niet." Later bedacht hij zich en ging toch. Toen ging hij naar de tweede en zei hetzelfde. Die antwoordde: "Goed, heer." Maar hij ging niet. Wie van de twee heeft de wil van de vader gedaan?' Ze zeiden: 'De eerste.' Jezus zei hun: 'Ik verzeker u, tollenaars en hoeren gaan u voor naar het koninkrijk van God. Toen Johannes naar u toe kwam op de weg van de gerechtigheid, hebt u hem geen geloof geschonken. De tollenaars en de hoeren hebben hem wel geloof geschonken. Maar u hebt zich ook later, toen u dat zag, niet bedacht en hem geen geloof geschonken.'

Matteüs 21:28-32 is een voorbeeld van een willekeurige perikoop (zesentwintigste zondag door het jaar). De eerste drie vertalingen verschillen onderling dusdanig weinig van elkaar, dat volstaan kon worden met de opname van de vertaling uit 1961. In het Lectionarium begint (*incipit*) de tekst met: 'In die tijd zei Jezus tot de hogepriesters en de oudsten van het volk.' De verschillen met de Willibrordvertaling 1995 zijn daarentegen groot.

Allereerst valt op dat de Willibrordvertaling 1995 de volgorde van de zonen heeft omgedraaid: nu gaat de zoon die eerst 'nee' zegt, voorop. Dat gaat terug op een groep andere (betere) handschriften. Inhoudelijk verandert er niets. Overigens volgen de Vulgaatuitgaven deze lezing.

Naast het 'ge/gij' en 'u' met de bijbehorende werkwoordsvormen en het 'neen' tegenover het 'nee' valt vooral op dat sprake is van 'een man'/'iemand', 'mijn zoon'/'jongen', 'mijn wijngaard'/'de wijngaard'. Het 'Voorwaar, ik zeg u' is in de Willibrordvertaling 1995 het minder formele, maar wel duidelijker 'Ik verzeker u' geworden. Op dezelfde manier zijn de 'ontuchtige vrouwen' eenduidige 'hoeren' geworden. Het 'Rijk Gods' is, overeenkomstig het Nederlands van de jaren negentig, 'koninkrijk van God' geworden en de lange zin over Johannes is in tweeën geknipt. Tot slot is wellicht 'zich bedenken' iets moderner, maar wel vager dan 'tot inkeer komen'.

---

1 www.bijbel.net

2 *Ordo lectionum Missæ* ('Ordening/kerkelijke kalender van de lezingen van de Mis'), Roma, Libreria Editrice Vaticana, 1981².

3 Zie ook: *Kalender voor het liturgisch jaar 2007-2008. Jaar A. Even*, 's-Hertogenbosch, Nationale Raad voor Liturgie, 2007 en volgende delen. Dit jaarlijks verschijnend *Directorium* steunt op de *Ordo lectionum Missæ*.

4 De vertaling van de Psalmen (door Dr. I.G.M. Gerhardt en Dr. M.H. van der Zeyde) is apart verschenen (1972) en vervolgens opgenomen in het deel Job t/m Sirach (1973). Later (in 1982) verscheen *De Psalmen*, vertaald door N. Tromp en anderen. Deze laatste Psalmvertaling ligt meer in de lijn van de Willibrordvertaling dan de eerste en is opgenomen in de 'nieuwe' Willibrordvertaling uit 1995.

5 Zie: *Liturgiam authenticam*, in: *Liturgische Documentatie. Bijlage bij het Directorium voor de Nederlandse Kerkprovincie I*, Zeist, Nationale Raad voor Liturgie, 2002, o.a. artikelen 37 en 41.

6 *Biblia Sacra Vulgatam Sixto-Clementinam* (1598).

7 Vergelijk bijvoorbeeld ook lezing 4 (Jesaja 54:5-14) van de paaswake in de drie lectionaria A, B en C.

Drs. L.W.F.P. van den Bogaard studeerde theologie in Eindhoven, Heerlen en Nijmegen, met als specialisatie Exegese Oude Testament en Semitische talen. Van 1977 tot 2009 was hij als redacteur werkzaam bij de Katholieke Bijbelstichting. Hij is lid van de Societas Hebraica Amstelodamensis (SHA), waarvoor hij heeft meegewerkt aan diverse vertalingen.

Geordend bijbellezen in kerkelijk Nederland

Het oecumenisch leesrooster, van 1977 tot heden

Roel A. Bosch

Welke gedeelten uit de Bijbel komen in de mis of in de kerkdienst aan de orde? Ooit bestonden er in de kerken in Nederland drie roosters, die bijna identiek waren: het lutherse, het rooms-katholieke en het oud-katholieke. Ze waren alle gebaseerd op de oude gegevens, waarin jaarlijks dezelfde lezingen op dezelfde zondagen terug kwamen. Het evangelie gaf de toon aan, psalm en epistel (een van de brieven in het Nieuwe Testament) kwamen daar naast te staan. Rond een aantal feesten liepen de lezingen wel uiteen, maar verder was het simpel.

De 'calvinisten' in Nederland, waarvan de Nederlandse Hervormde Kerk en de Gereformeerde Kerken in Nederland de grootste waren, kenden geen roosters. De dominee bepaalde zelf waar het aanstaande zondag over moest gaan. Zo kon de hele schrift aan bod komen, en zouden de pastorale noden van de week op de preekstoel benoemd worden. Dat klonk natuurlijk heel mooi, maar in de praktijk viel het nogal eens tegen. Bepaalde bijbelgedeelten kwamen heel vaak, andere nooit aan bod. Wie dat vooral opviel? De omroeporganisatie die wekelijks een kerkdienst uitzond. Wat ging het vaak over de Verloren Zoon en de gelijkenis van de talenten! En wat kwam er veel níet aan bod!

Zo rond 1970, begonnen dominees en gemeenteleden over de muren te kijken. Ze ontdekten de waarde van het klassieke leesrooster. De liederenschat die daarbij hoorde maakte nieuwsgierig. Kunnen wij dat niet ook invoeren? Zo ontstond een sterke beweging, in verschillende kerken tegelijk, die streefde naar invoering van het klassieke rooster. Men ging lezen volgens 'De Adem van het Jaar'. De liturgische kleuren, de namen van de zondagen, alles werd uit de buurkerken overgenomen.

Alleen, laat de grootste van die buurkerken nu net overstappen op een ander rooster. De rooms-katholieke kerk koos voor een rooster, een lectionarium, met drie jaren, één voor Matteüs, één voor Marcus, één voor Lucas. Iedere zondag zou ook het Oude Testament gelezen worden. Oude bekende lezingen verschoven van plaats: de Goede Herder, eeuwenlang gelezen op de derde zondag van Pasen, schoof een week naar achter, en kreeg in de drie jaren steeds een andere lezing, een andere uitsnede uit Johannes 10.

Oecumenisch Leesrooster 1977-2010

1977-1989

De Raad van Kerken in Nederland, en daarvan de Sectie Eredienst, met prof. G.N. Lammens als voorzitter en voortrekker, nam het voortouw om te komen tot een oecumenische oplossing voor het rooster-probleem. Een vraag daartoe van de omroep, die elke zondagmorgen een kerkdienst uitzond en te vaak dezelfde teksten zag langskomen, was een van de concrete aanleidingen om aan de slag te gaan; maar door een toenemende interesse naar wat in de andere kerken plaatsvond was de tijd er ook rijp voor.

Vanaf Advent 1977 verscheen een publicatie waarin een rooster te vinden was dat op het rooms-katholieke lectionarium geënt was, en dat daarnaast aandacht vroeg voor de gehele Schrift. Een interessant experiment begon, dat eerst aansloot bij het A-jaar van de katholieken, en zo in drie jaar de evangelieën door liep. Na die drie jaar stapte het rooster over op drie jaar Tora. In Advent, Kerst 1980 en Epifaniën 1981 opende de Genesislezing bij Jozef, Genesis 37, na drie jaar kruipen door Exodus, Levitius, Numeri, Deuteronomium sloot het C-jaar 1983 met Genesis 1 vanaf Pasen, eindigend bij Genesis 41 op 'de laatste zondag van het kerkelijk jaar'.

Drie jaren epistels volgden, daarna drie jaar profeten, waarbij de feestrollen Jona, Hooglied en Ruth een plaats kregen van Pasen tot en met Pinksteren in het A-jaar 1987.

1989-2001

In een tweede ronde werd de systematiek van de grote lijnen losgelaten. Gedeelten van het Oude Testament die in de eerste twaalf jaar niet aan bod kwamen zien we nu op het rooster. Opvallend is dat de brieven vrijwel achterwege bleven; vanaf zomer 1994 tot aan de Paastijd van 1999 zwegen Paulus, Petrus en de anderen; alleen het boek Handelingen ging in een Pinkstertijd even open. Ook daarna was het nog lang stil, totdat in 2001 Galaten en Kolossenzen achter elkaar open gingen.

Bij het oecumenisch leesrooster verscheen van het begin af aan ondersteunend materiaal, het kwartaalblad 'De Eerste Dag'. De studiesecretaris van dit blad, Dirk Monshouwer, was ook vrijwel van meet af aan de samensteller van het rooster. Een grote bijbelkennis paarde hij aan liefde voor liturgie, interesse in leesroosters en taal in het algemeen. Hij hoorde de Bijbel spreken, als hij aan de roosters werkte, en zag voor zich hoe in vele diverse kerken de mensen die woorden als openbaring zouden horen. Het hele 'ensemble van lezingen', zowel die van het rooms-katholieke lectionarium als de specifiek gekozen 'hoofdlezing' of 'rector' uit het Oecumenisch Leesrooster, zou 'quadrafonisch' bij de hoorders, bij de kerkgangers kunnen binnendringen. Het geeft niet dat de lezingen op het eerste horen niet met elkaar te maken hebben; in de liturgie van déze zondag zou het vanzelf goed komen. De schrijvers in 'De Eerste Dag' gaven hulplijnen aan, exegetische tips, verwijzingen naar de grondtekst, die als basis voor een preek konden dienen.

2001-2010

Monshouwer overleed in 2000, pas 53 jaar oud, en het werd steeds duidelijker hoezeer hij het overzicht over deze stof beheerste. Het zou nu verder anders moeten gaan, door anderen opgepakt. De grondgedachte dat lezingen vanzelf wel met elkaar een verband zouden aangaan, een interessante premisse, stond al langer onder kritiek. 'Kind, wind je niet op, hij preekt het wel weer aan elkaar', zo verbeeldde een cartoon van Bert Kuipers in de uitgave van het Oecumenisch Leesrooster 2001-2004 de schrik van menig kerkganger die met geheel ongelijkaardige lezingen geconfronteerd werd. In dit rooster 2001-2004 waren de keuzes nog door Monshouwer gemaakt.

Het overlijden van Monshouwer stelde de Raad van Kerken voor de vraag: hoe nu verder. Voor het werk aan de roosters van 2004-2007, 2007-2010 en 2010-2013 benoemde de Raad steeds een werkgroep. Vertegenwoordigers van redacties van 'De Eerste Dag', 'Kind op Zondag' en 'Bonnefooi', de laatste twee betrokken bij het opstellen van kindermateriaal voor de zondagmorgen, en deskundigen uit het veld van leesroosters, rooms-katholiek, oud-katholiek en luthers, maakten de opzet en werkten deze uit, volgens een stramien dat door de Raad was voorgesteld. Gedurende het gehele jaar zou het Gemeenschappelijk Leesrooster gevolgd worden, in een aantal blokken aangevuld met de optie om een alternatief daarvoor in de plaats te stellen.

Vanaf dit moment zien we per jaar vijf of zes kortere blokken. Elke keer was daar een brief bij, een profeet, vaak ook een feestrol. Vier keer in zes jaar waren er blokken waar niet een bijbelboek de lijn bepaalde. Adventstijd 2004 plaatste de vier moeders van Jezus uit het geslachtsregister van Matteüs 1

(Rachab, Tamar, Ruth, Batseba) op de vier Adventszondagen. In de Veertigdagentijd 2005 klonken de zeven kruiswoorden, gecombineerd met de zeven boetpsalmen. In 2007 vielen orthodox en westerse paasdatum gelijk: toen werd vanaf Palmpasen tot aan Pinksteren de orthodoxe evangelielezing gevolgd. Het oude lutherse jaarrooster heerste van herfst tot en met Kerst 2007.

In de presentatie van het rooster veranderde het nodige: de mogelijkheid om met een lezing in een kerkdienst te volstaan werd nu veel duidelijker aangeboden.

Uitgangspunten

Mengvorm van roosters

Uit bovenstaande is wel duidelijk dat in het Oecumenisch Leesrooster (OL) verschillende uitgangspunten naast elkaar voorkomen. Zo ontstaat een mengvorm van roosters.

Basis is van meet af aan het Lectionarium zoals dat in de rooms-katholieke kerk functioneert, (OLM) met een A-, B- en C-jaar. Echter, de aanpassingen die door de rooms-katholieke bisschoppen van de VS van Amerika zijn voorgesteld, op het punt van enkele perikoopafbakeningen en de keuze van alternatieve lezingen uit het Oude Testament, zijn overgenomen. Dit aangepaste rooster is via de Episcopal Church in de Verenigde Staten in de anglicaanse en de oud-katholieke kerk beland, en staat bekend als het Common Lectionary (CL). In dit rooster zijn de 'Heilige Familie' en 'Zondag Christus Koning' niet aan de orde. Door dat laatste verschuiven wel alle lezingen in november een zondag naar achteren.

Daarmee zijn we er nog niet: de Protestantse Kerk in Nederland heeft in haar Dienstboek dit rooster opgenomen, maar met enkele wijzigingen, onder de naam: het 'Gemeenschappelijk Leesrooster' (GL). In het B-jaar plaatsen OLM en CL gedurende vijf zondagen lezingen uit Johannes 6, over het brood des levens, op de plaats van het evangelie. Zo wordt een stuk uit Marcus overgeslagen. Deze lezingen, een vorm van 'eucharistische catechese', zijn in het Dienstboek vervangen door perikopen uit Marcus, zodat er meer sprake is van een doorgaande lezing.

De plaats van de deuterocanonieke boeken was ten tijde van het samenstellen van het Dienstboek nog een lastig probleem: waar in OLM en CL een lezing uit bijvoorbeeld Jezus Sirach stond werd deze vervangen door een oudtestamentische lezing.[1] Ook het OL volgde deze keuze, in 2010-2013 worden wel de deuterocanonieke lezingen opgenomen.

Het GL in het Dienstboek laat ook stelselmatig de lezing uit het epistel weg in de groene tijden. Immers, deze lezingen staan als baanlezing op het rooster, zonder zichtbare relatie met de andere twee lezingen, en worden in de praktijk toch vaak niet gelezen. In Advent, Veertigdagen en Paastijd, waar de lezingen 'passen' bij de aard van zondagen, zijn ze wel opgenomen. Analoog hieraan zijn ook in het OL van de laatste jaren deze lezingen nooit opgenomen geweest. In 2008 besloot de Raad van Kerken dat ze in het rooster voor 2010-2013 wel een plek zouden krijgen; de beslissing ze al dan niet te lezen kan dan ter plekke genomen worden.

In de eerste jaren trachtte het OL dan ook nog de jaaropbouw uit het klassieke eenjarige rooster te handhaven; de zondagen in sterke tijden heetten immers al eeuwen naar hun introïtus: Gaudete, Cantate, Jubilate, etc. Daarvan is de laatste jaren geen gebruik meer gemaakt. De verwarring werd toch te groot.

Mengvorm van tradities

Niet alleen de roosters stammen uit verschillende kerk- en geloofswerelden, ook de bijbelvisies kennen diverse herkomst. Direct zichtbaar is dat natuurlijk al in de eerste jaargangen, wanneer ook de bijbelboeken Jozua, Samuel en Koningen onder de profeten worden gerekend. De joodse canon prevaleert hier boven de klassiek-christelijke. In het algemeen kan gezegd worden dat de keuze voor bijbelboeken bij periodes van het kerkelijk jaar sterk gekleurd werd door de bijbelse theologie van de stroming die 'de Amsterdamse school' wordt genoemd: Exodus op Witte Donderdag, Genesis 1 met Pasen. Beide keuzes hebben parallellen met oude roosters, de wijze van uitwerking, zodanig dat ze de hele Veertigdagentijd en Paastijd vullen, is specifieker dan dat. Ook in andere gevallen, waar Jozef en David naar voren worden gehaald, vallen oudkerkelijke typologie en exegese van Jezus als de messias, de Zoon van David, over elkaar. Tom Naastepad, Ben Hemelsoet, Dirk Monshouwer, Karel Deurloo waren dan ook allen betrokken bij de eerste aanzetten van het oecumenisch leesrooster. De opmerking van de hervormde theoloog Van Ruler, dat de evangelieën beschouwd kunnen worden als verklarend zakwoordenboekje bij het Oude Testament, past in dit kader – al zullen we in het Oecumenisch Leesrooster en 'De Eerste Dag' gedurende vele jaargangen eerder 'Tenach' of 'Eerste Testament' lezen.

In de derde periode komen er tradities bij. De zeven kruiswoorden als preekteksten zijn bekend uit de devotiepraktijk in de Gereformeerde stromingen binnen de PKN; de opname van het lutherse en orthodoxe rooster wijzen weer naar een andere voedingsbron van de oecumene in Nederland. De commissies die vanaf dit moment het rooster samenstelden beoogden werkelijk wat breder te kijken, maar bouwden tegelijkertijd voort op het verworven goed van eerdere jaren.

Wensen en criteria

Zeer duidelijk stond bij het samenstellen van het Oecumenisch Leesrooster voorop, dat het de bedoeling was de gehele Bijbel aan de gemeente aan te bieden. Ieder schriftwoord is het waard gelezen te worden. Hoeveel tijd zouden we daarvoor nodig hebben? Laten we direct beginnen! Grote stukken tekst, vergelijkbaar met de parasja's uit de synagoge, drie, vier hoofdstukken van Tora per sabbat, zou dat gaan? Nou, dat zou te veel eisen van het geduld en de luistervaardigheid, maar de lappen tekst mochten er wel zijn. Niet, zoals in het OLM, zorgvuldig geknipte en besneden lezingen (2 Koningen 4:8-11,14-16a bijvoorbeeld), maar gewoon een heel hoofdstuk.

In de jaren 1990 kwam in de Sectie Eredienst van de Raad van Kerken wel de vraag op, of het rooster niet te hoge verwachtingen had van de kerkganger. Iemand die een paar keer per maand naar de kerk gaat, niet gewend is veel te lezen, laat staan te luisteren, weinig bijbelkennis heeft, is die met dit rooster gebaat? De vraag klonk luider en luider. In de derde periode is het uitgangspunt van 'heel de Bijbel' dan ook vervallen. Er bestaan prima roosters, om de Bijbel in bijvoorbeeld 12 jaar in de eredienst te lezen. Het rooster van prof. Wegman is zelfs opgenomen in het Dienstboek van de Protestantse Kerk Nederland, en zo bruikbaar voor iedere gemeente of parochie die zich daaraan wil wagen. Voor de grote groep andere kerken en voor de meer of minder kerkelijken voor wie dit rooster bestemd is bezonnen de commissies zich op een 'canon binnen de canon'. Moet niet minstens eens per zes of negen jaar de schepping, de uittocht, de aartsvaders en -moeders, David gelezen worden? Is het niet goed om enkele van de profeten goed het woord te geven? Kunnen we jaren lang lezen zonder Galaten of Romeinen, 1 Petrus of 1 Johannes te leren kennen?

Daarmee is het accent sterk verschoven: van een luisterende gemeente die zich moet aanpassen aan de Schrift, naar een rooster dat ten dienste staat van een zoekende gemeente.

Twee voorbeelden

Om bovenstaande te concretiseren volgen hier twee voorbeelden. Uit het eerste blijkt de continuïteit tussen diverse roosters, uit het tweede worden juist ook de verschillen zichtbaar.

Bij Kerstdag in het B-jaar 2008 zien we de volgende reeks, in de uitgave 'In Orde'.

	Oec. Leesrooster 2008-2009 (jaar B)			
datum	*GL + zondagslied*	*alternatief*	*OLM (r.-k.)*	*ELD (luthers)*
		Filippenzen		
25 dec	**Kerstdag** Jes. 52:7-10 *Ps. 98* Heb. 1:1-12 Joh. 1:1-14 *T 139, GvL 475, OKG 540, ZG 3-5*	Fil. 2:5-11	**Kerstdag** *Jes. 9:5* Jes. 52:7-10 *Ps. 98:1-6* Heb. 1:1-6 Joh. 1:1(-5,9-14)-18	**Kerstdag** *Jes. 9:5; LB Ps. 98:1,2* Jer. 23:5-8 (Jer. 31:31-34) *LB Ps. 98:3,4* Heb. 1:1-6(12) Joh. 1:1-14 *Gz 142*

Zowel in het klassieke rooster (ELD) als in het OLM en het OL vinden we Psalm 98, Hebreeën 6, Johannes 1. De uitsnedes verschillen wel wat. Jesaja 52 is in OLM en OL identiek. Het OL kent geen introïtustekst of intochtpsalm; de genoemde Psalm is als antwoordpsalm tussen lezing uit het Oude Testament en Epistel bedoeld. Afwijkend is vooral de lezing uit Filippenzen 2. Deze sluit de doorgaande lezing uit Filippenzen af, die de vier Adventszondagen kleurde. Wie deze lijn volgde zal vermoedelijk Hebreeën 6 ongelezen laten. Het OL biedt per zondag ook een zondagslied aan; voor deze zondag is dit een lied dat in vier verschillende bronnen te vinden is, 'In den beginne was het woord. God die van eeuwigheid bestond...', een lied van Schulte Nordholt. De melodie uit de rooms-katholieke uitgave GvL, 'Gezangen voor Liturgie', waarnaar verwezen wordt, is overigens wel een andere dan die in T, 'Tussentijds'; GvL gebruikt de calvinistische psalmmelodie van Psalm 134, in T staat een nieuwere melodie van Frits Mehrtens.

Veel meer verschillen zijn er in de volgende zondag in de Veertigdagentijd 2010.

	Oec. Leesrooster 2009-2010 (jaar C)			
datum	*GL + zondagslied*	*alternatief*	*OLM (r.-k.)*	*ELD (luthers)*
		Exodus 1-24		
7 maart	**3e van de 40 dagen** Ex. 6:1-7 *Ps. 103:1-7* Rom. 5:1-11 Luc. 13:1-9 *T 150, ZG 1-19*	Ex. 6:2-9,28-7:7 *Ps. 103:1-7* ***Hallel:** Ps. 115*	**3e van de 40 dagen** *Ps. 25:15-16 (Ezech. 36:23,25-26)* Ex. 3:1-8a,13-15 *Ps. 103:1-4,6-8,11* 1 Kor. 10:1-6,10-12 Luc. 13:1-9	**Oculi** *Ps. 25:15-16; LB Ps. 25:7,8,9,10* Ex. 34:1-10 *LB Ps. 9:1,2,9,10* Ef. 5:1-9 Luc. 11:14-28 *Gz 17*

Het klassieke rooster (ELD) kent een heel andere set lezingen, er zijn geen overeenkomsten. Het 'oculi-thema' uit Psalm 25 laat zich niet meer vinden. Psalm 103 als antwoordpsalm en Lucas 13:1-9 zijn identiek in OLM en OL. Het GL (volgens de PKN, de oud-katholieken lezen deze dag Exodus 3:1-15) plaatst Exodus 6 als oudtestamentische lezing; deze valt precies samen met het alternatief uit het OL. Hier wordt namelijk vanaf de derde zondag voor Aswoensdag tot en met Pinksteren Exodus 1-24 gelezen, zó, dat met Pasen Exodus 14 en 15 aan de beurt zijn. De epistellezing verschilt ook; het GL (PKN en OKK) kozen voor Romeinen 5. Typerend voor het OL is ook, dat de Hallelpsalmen, ter voorbereiding op het Paasfeest, al in de Veertigdagen worden meegenomen, elke week één.

Sterke en zwakke punten

Botsende uitgangspunten

Het Oecumenisch Leesrooster combineert een aantal uitgangspunten. Het ene is dat van de bijbellezing in de kerkdienst als basis voor de preek, uit de kerken van calvinistische achtergrond. Alleen dát werd in de oude gang van zaken gelezen waar de predikant in de preek ook 'iets mee doet'. Kerkgangers verwachten een preek die het gelezen schriftgedeelte uitlegt. Goede exegese, concretisering naar het dagelijks leven, een doorleefde spiritualiteit als het kan... Gezien met dit verwachtingspatroon zijn drie heel verschillende lezingen wel veel.

Het andere uitgangspunt gaat uit van de lezing als verkondiging. In de katholieke traditie, zoals die in de rooms-katholieke, oud-katholieke, en ook de evangelisch-lutherse traditie leeft mag de schrift op zich staan, en volgt een homilie die gedachten aanreikt, natuurlijk niet zonder exegese, maar met een andere vorm van doordenking.

Beide uitgangspunten raken elkaar in de onvrede met de praktijk van voor 1960. Graag willen ze in beide gevallen dat er méér van de Schrift tot klinken komt. In de katholieke lijn is die wens beantwoord door van een jaarrooster naar een driejaar-rooster over te stappen, waardoor (grofweg) 3x3x55 lezingen klinken, in plaats van 3 of 2x55. In de opzet van het Oecumenisch Leesrooster gingen er nog veel meer schriftgedeelten open. Interessant om te zien dat in de lutherse kerk van Duitsland, waar het klassieke jaarrooster gehandhaafd wordt, de voorganger aan het begin van de preek een vierde tekst leest, de 'Predigttext', volgens een ander, zesjarig rooster. Juist in een tijd van ontkerkelijking, zo lijkt het, zoeken kerken naar wegen om de Bijbel beter te leren kennen tijdens de zondagse viering. Daarmee wordt aan die viering wel een hoge eis gesteld!

Botsende roosters

Een compromis sluiten, over wat te lezen in de kerkdienst van de zondag, is onmogelijk. Je leest óf het een, óf het ander. Je volgt óf het klassieke jaar, met de klassieke zondagsnamen, óf je zet het jaar opnieuw op, bijvoorbeeld in een cyclus van drie jaar, of door regelmatig series lezingen uit minder bekende boeken voorop te stellen. Roosters botsen dan. Die pijn ervaren pastors ter plaatse, die in een oecumenische setting een knoop moeten doorhakken. Het voordeel van dit nadeel is wél dat er een gesprek op gang komt over het waarom en hoe van lezen in de kerk, juist deze zondag; een goede zaak, mits er kennis voorhanden is.

Om dezelfde reden bleef het OL in zijn verspreiding beperkt tot het Nederlandse taalgebied. Wel zijn er contacten geweest met kerken elders, zoals in Indonesië, Duitsland, die ontevreden waren over hun eigen situatie en zich graag door het OL lieten inspireren. Of het daarna ook tot overname kwam is een andere vraag, daar is de Raad van Kerken in elk geval niets van bekend.

Volgen van de tijd

Het leesrooster in de orthodoxe traditie is heel oud, ouder nog dan het Lectionarium dat tot het Tweede Vaticaans Concilie heerste. Je ziet aan de keuze van de lezingen in die verzameling de ontstaanstijd af. Ook het OLM, uit de jaren 1960 en 1970, laat zich dateren. Alle wat mythische lezingen uit de evangelieën (de vis met de munt in de bek, bijvoorbeeld, Matteüs 17:27, de kinderen met hun engel, Matteüs 18:10) bleven achterwege, het Johannesevangelie moet het doen met losse lezingen verspreid over drie jaar. Het was de tijd van de nieuwe moraal, van handelen, niet van de meer innerlijk gerichte aandacht die rond de Millenniumwisseling aandacht zou vragen.

Bij het werken aan het Oecumenisch Leesrooster merken we voortdurend hoe met het verstrijken van de tijd ook de vragen aan de schrift zich anders gaan stellen. Aandacht voor Hooglied sloot aan bij de vraag naar een meer geestelijke, mystieke manier van bijbbellezing; lezen uit Prediker correspondeerde met de vraag naar wijsheid; meer 'Paulus' hing samen met de ontdekking dat die man, in de jaren 1970 als autoritaire vader aan de kant gezet, veel te delen heeft.

Er zijn in Nederland enkele kerken waar men de vraag naar actualisering van het rooster zo serieus neemt, dat men zelf ieder jaar een eigen rooster maakt. De grote meerderheid van kerken laat dit soort beslissingen toch graag aan een 'hogere instantie' over, al was het maar om daarmee wat van de katholiciteit van de kerk te ervaren. Het heeft zijn voordelen als die hogere instantie, zoals in het geval van het Oecumenisch Leesrooster, zelf ook geen rooster in beton gegoten voor tientallen jaren vastlegt, maar steeds een aantal jaren op de zaken vooruitloopt. Zo zou de tijd zowel gevat als gevormd kunnen worden.

In de praktijk

Wie gebruikt dit rooster nu eigenlijk? Is het wel oecumenisch, of toch vooral protestants? Die vraag kent twee antwoorden. Het kost de redactie van 'De Eerste Dag' nooit moeite om schrijvers te vinden uit de brede oecumene. Exegeten, liturgen en anderen uit rooms- en oud-katholieke kring, luthers of vrij-evangelisch, werken graag mee. Ze voelen zich uitgedaagd om voor iedere zondag opnieuw weer bruikbaar materiaal te maken.

Het gebruik in de praktijk van de vieringen kent echter wel degelijk een zwaartepunt bij de gemeenten van de Protestantse Kerk Nederland, en van de vele plaatsen waar eredienst gevierd wordt in oecumenisch verband. In ziekenhuizen en andere instellingen van gezondheidszorg, justitie, defensie, geeft het vaak een leidraad. De richtlijnen binnen de rooms-katholieke kerk verplichten het volgen van het OLM bij het vieren van de mis; voor woord- en gebedsdiensten ligt dat anders, en zo komt het rooster juist vaak in niet-eucharistische vieringen aan bod.

Een grote groep gebruikers van het rooster heeft een abonnement op 'De Eerste Dag'; het aantal abonnees blijft al meer dan tien jaar constant. Ook een internetdiscussieforum, 'leesrooster', bij Yahoo, trekt al jaren een grote groep bezoekers, en kent elke maand tussen de 125 en 300 inzendingen, varierend van vragen naar toepasselijke liederen tot specifieke opmerkingen over de vertaling van en Hebreeuws of Grieks woord. Te oordelen naar de gestelde vragen en gemaakte opmerkingen is een breed kerkelijk spectrum betrokken, naar 'geestelijke ligging' zowel als naar opleiding en geografische spreiding. De schatting op grond van een en ander is, dat het rooster in ongeveer 2000 'vierplaatsen', kerken en kapellen, in Nederland gevolgd wordt. Alleen al door de ontstaansgrond en de wijze van samenstelling stelt het zo duidelijk 'oecumene' present, op zeer uiteenlopende plaatsen. En zo gaat ook de Bijbel open, op vele manieren, gesteund door zeer divers en rijk materiaal.[2]

1 Zo op de 24e door het jaar/ 13e van de zomer van het A-jaar, waar Jezus Sirach 27:30-28:7, een tekst over wrok, vervangen werd door Exodus 32:7-14, dit naast de lezing uit Matteüs 18:21-35.

2 Het 'Oecumenisch Leesrooster' wordt gepubliceerd door Boekencentrum, Zoetermeer en Uitgeverij Kwintessens/NZV in Amersfoort. Op de website van de Raad van Kerken in Nederland zijn de lezingen ook te vinden, www.raadvankerken.nl, onder vieren, leesrooster. De uitgave 'De Eerste Dag' verschijnt onder auspiciën van de Raad van Kerken in Nederland; het bevat flankerend materiaal, geschreven door een zestigtal auteurs jaarlijks.

Dr. R.A. Bosch is sinds 1998 eindredacteur van De Eerste Dag, handreiking bij de jaarorde van de Raad van Kerken in Nederland. Als lid van de Sectie Eredienst van de Raad van Kerken was hij vanaf 1992 betrokken bij de vaststelling van het oecumenisch leesrooster, dat toen door Dirk Monshouwer werd samengesteld. Vanaf 2002 was hij drie maal voorzitter van de commissie die het rooster samenstelde.

Gods Eerste Woord

Een pleidooi voor een zorgvuldige omgang met het Oude Testament in het rooms-katholieke leesrooster

Hein Jan van Ogtrop

Inleiding

Het is goed voor de christen die met open oren de Blijde Boodschap horen wil, dat op de eerste de beste zondag van het rooms-katholieke leesrooster, in de eerste zin van de eerste lezing te lezen staat: 'Op het einde der dagen zal de berg waarop de tempel van de Heer staat, oprijzen boven alle bergen' (Jesaja 2:1). Jeruzalem staat dus centraal. Wij kunnen om die stad niet heen. De tekst gaat verder: 'Alle volkeren zullen er heen stromen en talloze naties erheen trekken.' Mensen van allerlei slag en vroomheid worden verzameld rond die ene berg. Waarom? Het antwoord volgt – doorlezend – al snel: 'Laat ons optrekken naar de berg van de Heer... Hij zal ons zijn wegen wijzen, wij zullen zijn paden bewandelen, want uit Sion komt de Wet.'

Het woord 'wet' staat voor een heel programma van bevrijding en vernieuwing. Als wij het woord 'wet' horen, denken wij aan 'in naam der wet' of iets van dien aard. Om dat misverstand te voorkomen vertaalt Martin Buber in zijn 'Verdeutschung' van de Bijbel het woord 'Tora' niet met 'Gesetz' (het Duitse woord voor 'wet'), maar met 'Weisung'. Te vertalen met: richtingwijzer, onderricht. Als een wegwijzer staan daar de geboden. Niet om ons te hinderen maar om ons een bepaalde kant uit te leiden, een nieuwe toekomst tegemoet.Vandaar ook dat je in de synagoge een feest als 'Vreugde der Wet' kunt vieren.

Dat de allereerste lezing uit de hele nieuwe rooms-katholieke lezingenserie zoals die kort na het Tweede Vaticaans Concilie (1962-1965) in 1969 wordt gepromulgeerd, begint met de proclamatie uit Jesaja 2 stemt velen, onder wie ondergetekende, hoopvol. Hier klinkt het zogeheten 'tegoed' van het Oude Testament door.[1] Ik blijf die term 'oud' maar gebruiken, ofschoon het geen aanduiding is van 'verouderd' maar van 'eerbiedwaardig': God neemt zijn beloften niet terug en zijn Tora blijft overeind staan. Dat nu de *gojim* (de volkeren rondom) ook mogen horen, is mooi meegenomen.

Het oude lectionarium

Het is bekend – ik beroep mij op Augustinus – dat er in oud-christelijke tijden veel uit het Oude Testament gelezen werd. Alle lagen kwamen aan de orde: Tora, Vroege en Late Profeten, de Geschriften. Uit het Nieuwe Testament werd uit de Evangeliën gelezen, daarnaast de brieven of de Apocalyps. Soms (in de Paas- en Pinksterwakes) waren er wel tien Schriftlezingen per dienst en dan tel ik de psalmen die gezongen werden nog niet eens mee. Er is een theorie dat men in de vroege kerk, net als in de synagoge in Jezus' tijd, een meerjarig leesrooster had waarin men Tora en Evangeliën las. Helaas kwam er, zowel in de synagoge als in de kerk een éénjarig rooster waarbij (wat de kerk betreft) zelfs alle oudtestamentische lezingen verdwenen. Zou Marcion dan toch gewonnen hebben?[2] Een gunstige uitzondering was de Paaswake die in mijn jeugd op de Paaszaterdagmorgen in alle vroegte werd gehouden zodat alleen pastoor, koster en enkele vroegwakkere oudjes de proclamatie van Genesis 1 meemaakten: 'In den beginne schiep God hemel en aarde.'

's Zondags hoorde men dus nooit uit het Oude Testament voorlezen. Op de quatertemperdagen (de markeerdagen van de wisseling der seizoenen) en de weekdagen in de Vastentijd klonk het wel en ik genoot met rode oortjes van het Jozefverhaal dat in de vastentijd als parallel met de lijdensaankondigingen van Jezus werd gelezen. Het oude Romeinse leesrooster had zijn bezwaren, maar ook zijn betrouwbaarheid. Dat de joden Rosj Hasjana vierden in de herfst en daarna de Geduchte Dagen en de Grote Verzoendag was in de Schriftlezingen rond de 18e zondag na Pinksteren te horen en in de lezingen van quatertemperdagen in het najaar onmiskenbaar duidelijk.[3]

Het nieuwe lectionarium

Het nieuwe lectionarium van 1969 koos voor een driejarige lezing van de Synoptici (Matteüs, Marcus en Lucas), daaraan voorafgaande een lezing uit de brieven (meestal van Paulus) en daarvoor bijna altijd oudtestamentische Schriftlezingen. Naast de prachtige opening van het kerkelijk jaar met Jesaja 2 is er ook de zegen uit Numeri 6 die het burgerlijke nieuwe jaar mag openen. Dat 1 januari plotseling niet meer 'feestdag van de Besnijdenis des Heren' mag heten, is natuurlijk een ernstige misser. In het oude missaal werd die Besnijdenis op de achtste dag (1 januari is dat) nog genoemd. Het blijkt dat men daar niet goed raad mee wist. Sinds 1969 is het de 'dag van de wereldvrede' geworden. Nog later: 'Hoogfeest van het allerheiligst moederschap van Maria, moeder van God.'

Gelukkig bleef de oude evangelielezing uit Lucas 2 staan en bleef (tot op de dag van vandaag) het Schriftwoord klinken: 'toen het kind op de achtste dag besneden werd gaf men het de naam Jezus.' Toch is menig kerkganger zich weinig ervan bewust dat de besnijdenis van Jezus duidt op zijn joods-zijn en op zijn toebehoren aan het Verbond tussen God en zijn volk. Evenmin weet menigeen dat het bezoek van de twaalfjarige Jezus aan de tempel verband houdt met de joodse Bar Mitswa-viering. Men leest dat verhaal nu op de zondag na Kerstmis, die 'Feest van de H. Familie' heet. Van belang is het te melden dat de Katholieke Raad voor Israël aan de Nationale Raad voor Liturgie heeft voorgesteld om het feest van de Besnijdenis des Heren in ere te doen herstellen. Het voorstel zou in Rome aanhangig worden gemaakt. Dat zou niet alleen een gebaar zijn tegenover het huidige jodendom, maar vooral een signaal dat wij als christenen in de loop der eeuwen wijzer zijn geworden en onze Messias nooit meer los willen maken van zijn volk en van de traditie waaruit hij leefde. Helaas is uit Rome over dit mooie plan tot op heden niets vernomen.

De verbinding van Jezus met de Tora komt bijzonder tot uitdrukking op de eerste zondagen in de Veertigdagentijd (vroeger: de vastentijd). Op de eerste zondag lezen we in alle drie jaren (de lezingenserie omvat immers een driejarige cyclus) over Jezus' beproeving in de woestijn. In drie verschillende versies horen we hetzelfde gegeven: Jezus komt op voor het Woord van de Vader en weerstaat de dwarsligger. Op de tweede zondag van de Veertigdagentijd wordt ieder jaar het evangelie gelezen over Jezus' gesprek met Mozes en Elia (Tora en Profeten) op de berg. Jammer is dat Mozes en Elia in de oudtestamentische lezingen niet ter sprake komen. Alle jaren klinkt een gedeelte van het verhaal van Abraham. Vandaar mijn voorstel om in het A-jaar (lezingen nu Genesis 12 en Matteüs 17) in plaats van Genesis 12 uit het zogeheten 'Verbondsboek' bijvoorbeeld Exodus 21:1-18 te lezen. Jezus kan geen Jezus zijn als hij niet oog in oog heeft gestaan met Mozes en Elia! Hij staat geworteld in Wet en Profeten. Het verhaal van Jezus' gesprek op de berg staat bij Matteüs en Marcus vlak na de belijdenis van Petrus en de eerste lijdensaankondiging. Lucas plaatst het vlak voor Jezus' reis naar Jeruzalem. Jezus' gang naar Golgotha wordt zo in verband gebracht met zijn trouw aan Wet en Profeten. Als trouwe zoon van de Wet wordt Jezus 'geliefde zoon' genoemd. Op de berg wordt het eeuwige verbond tussen Jezus en de God van Abraham, Isaak en Jakob bevestigd.

De Goede Week

Een grote vooruitgang met vroeger is dat op de Witte Donderdag het verhaal van Exodus 12 wordt gelezen over de instelling van het Pesachmaal. Zei Jezus niet: 'Ik heb Mij verheugd met u dit Pasen, deze doortocht te vieren' (Lucas 22:15)? Het voordeel van een leesrooster van drie jaar is ook dat de synoptische lijdensverhalen allemaal aan de orde komen (op Palmzondag). Op de Goede Vrijdag komt echter ieder jaar het moeilijke evangelie van Johannes terug, waarin de woorden 'jood' en 'joden' doorgaans geen beste klank hebben. Dat vraagt veel uitleg. De hele discussie van enkele jaren terug over de klaagzangen die op de Goede Vrijdag klinken ('mijn volk, wat heb ik u misdaan... antwoord mij'), maakt dat wij daar nog niet helemaal uit zijn.

De Goede Vrijdag was eeuwenlang in vele landen van Oost- en West-Europa de dag waarop bendes woestelingen de joodse wijken van de stad binnendrongen om op strafexpeditie te gaan. De pogroms eisten ieder jaar veel slachtoffers. En om nu te zeggen dat de kerk er veel tegen gedaan heeft? Eerder het tegendeel. Een joodse vrouw vertelde dat ze iedere keer als in de Johannes Passion het woord 'Jude(n)' voorkomt, ineenkrimpt. En de evangelist Johannes gebruikt die aanduiding liefst 71 keer! Als tegengif werd in de liturgie van de Amsterdamse Studentenecclesia het lied van Jacob Revius gezongen: ''T en zijn de Joden niet, Heer Jezus, die u cruysten, Noch die verradelijck u togen voort gericht, Noch die versmadelyck U spogen int gesicht, Noch die u knevelden en stieten u vol puysten, 'T en zijn de Joden niet, Heer Jesu, die u cruysten.' In hun boek *Jezus de jood* stellen Ulrich Luz en Pinchas Lapide dat het volk Israël Jezus helemaal niet heeft afgewezen.[4] Het duidelijkst daarin is Lucas (7:29, 11:27, 12:1) en vooral deze tekst: 'En de gehele schare verheugde zich over al die heerlijke dingen, die door Hem geschiedden' (Luc. 13:17).[5]

Uit vele passages in Matteüs, Marcus en Lucas blijkt, in tal van nuanceringen, overduidelijk dat brede kringen van het joodse volk, zowel in Galilea als in Judea, Jeruzalem en andere streken,van Jezus onder de indruk waren. Het blijkt dat velen dagenlang naar Hem luisterden en Hem keer op keer een eerbiedige en liefdevolle ontvangst bereidden.

Pasen

Iedere twijfel wordt weggenomen als we aan de liturgie van Goede Vrijdag het gebed van paus Johannes XXIII zouden toevoegen: 'Wij beseffen thans dat onze ogen gedurende vele eeuwen zo blind zijn geweest, dat wij niet meer in staat waren de glorie van uw uitverkoren volk te zien, noch op zijn gelaat de tekenen van de voorrang van onze broeder te onderscheiden. Wij zijn tot het inzicht gekomen, dat op onze voorhoofden het Kaïnsteken geschreven staat... Vergeef ons de vloek die wij, in ongerechtigheid, over hun joodse naam hebben gebracht. Vergeef het ons, dat wij U in hen, in hun vlees, ten tweeden male hebben gekruisigd – wij wisten niet wat wij deden. Heer, laat ons omkeren op de slechte wegen die wij in de geschiedenis en in de kerkgeschiedenis gingen. Laat onze ommekeer bestaan in een concrete vernieuwing.'

Een hoogtepunt van zinvol liturgie vieren is de Paasnacht. Dan maken we een Schriftdienst mee in de klassieke zin van het woord, met een heel programma: Genesis 1:1-2:2, Genesis 22:1-18, Exodus 14:15-15:1, Jesaja 54:5-14, Jes. 55:1-11, Baruch 3, Ezechiël 36 (liever 37 erbij lezen), Romeinen 6:3-11 en dan de verrijzenisverhalen volgens de Synoptici. Johannes komt op paasmorgen. Eigenlijk horen wij ze allemaal te lezen; de compositie is te goed.

De hele paastijd volgen we in de evangelieserie Johannes. Hij had eigenlijk een eigen jaar verdiend maar het rooster omvat slechts drie jaren en er zijn vier evangelisten. Daarom krijgt Johannes nu ieder jaar de paastijd. Toch niet zo gek omdat het evangelie van Johannes het zwaarst theologiserende evangelie is van de vier. Het Oude Testament moet in de paastijd helaas zwijgen en wordt vervangen door lezingen uit het boek van de Openbaring en de Handelingen van de apostelen.

Pinksteren

In de Paasnacht werd Genesis 1 gelezen, over de Geest van God, die boven het water zweefde. Als we volgens goede joodse traditie gewoon doorlezen, komen we met de synagoge op Pinksteren aan bij Genesis 11. Deze lezing treffen we in de dienst op de vooravond van Pinksteren (een soort Pinksterwake) aan. In dit grootse verhaal van de torenbouw zien wij voor ogen gesteld wat telkens weer in verschillende gestalten zich heeft voorgedaan tijdens de voortwenteling der eeuwen. Het mensenvolk, een natie, veelal onder hypnose van een leider, laat zich opzwepen in eigenwaan. Er komt eenzelfde lipstand en met ontzetting kan men zien wat er ontstaat uit onze eigen materialen.

De ziggurats, tempeltorens uit het Tweestromenland die in dit verhaal figureren, hebben een religieuze inhoud. Voor een kerk geeft dat nog een extra beklemming. Tussen haakjes: hoe is de Sint Pieter van Rome tot stand gekomen? Trouwens de kerktorens van Amsterdam zijn ook gebouwd dankzij de inkomsten van onze slavenhandel en kaapvaart in de Gouden Eeuw. In Babel zeggen ze tot elkaar: 'laten we van klei blokken vormen' (Genesis 11:3); hetzelfde materiaal als de slavendienst in Egypte moest produceren (Exodus 1:14). Een ander materiaal moet gebruikt worden voor het nieuwe Jeruzalem: 'de fundamenten van de muur der stad waren met kostelijk gesteente versierd' (Openbaring 21:19). Een joods commentaar vertelt: 'Als er bij de torenbouw een mens van de stellingen viel, keek niemand op of om. Maar viel er een steen, dan was er paniek: "wie gaat die terughalen?"'

De Bergrede

Na Pinksteren komen er nog twee bijzondere zondagen: zondag van de Drie-eenheid (Trinitatis) en Sacramentsdag. Op beide dagen klinkt het Oude Testament wel. Op Sacramentsdag komt Melchisedek natuurlijk met brood en wijn en wordt in het A-jaar herinnerd aan het manna in de woestijn (Deuteronomium 8:2-16). Maar na deze twee zondagen gaat op de 3^e^ zondag na Pinksteren de continulezing van de Synoptici verder. In het A-jaar met het begin van de bergrede (Matteüs 5:1-12). [6]

Het is mooi dat in het A-jaar, dat zo indrukwekkend begint (Jesaja: 'het woord gaat uit van Jeruzalem'), ook Matteüs' bergrede zo expliciet aan de orde komt. In het B- en het C-jaar komen Marcus en Lucas ook goed tot hun recht in deze periode na Pinksteren. Het voert te ver om alle evangelisten te behandelen. Daarom stel ik vast dat het heel belangrijk is dat vanaf de 3^e^ zondag na Pinksteren de bergrede aan de orde komt. En het begint goed als we Jezus op de 6e zondag door het jaar horen zeggen: 'Denk niet dat ik gekomen ben om Wet of Profeten op te heffen' (Matteüs 5:17). Alles wat Jezus op aarde zei, volbracht, deed en naliet, is slechts volledig te doorgronden vanuit zijn door en door joodse wezen.

Veel vooroorlogse christelijke auteurs maakten van de Bergrede gebruik om te bewijzen, dat Jezus het jodendom waarbinnen hij geboren was, wilde doorbreken, dat hij de Tora wilde afschaffen of ontkrachten. Deze auteurs beroepen zich op de woorden van Jezus, geciteerd in de Bergrede: 'Maar ik zeg u.' Maar of dit terecht is? Niet alleen Duitse theologen uit de Hitlertijd, die 'fout' zaten, maar ook zeer gezagvolle bestrijders van het fascisme hadden moeite met het correct verstaan van Jezus' houding tot het jodendom van zijn tijd. Karl Barth bijvoorbeeld isoleert Jezus van zijn mederabbijnen door zeer de nadruk te leggen op zijn unieke aanspraken op gezag.

Wat moeten we aan met de woorden 'Maar ik zeg u'? De oplossing is beschamend simpel. Het Griekse woord 'de' kan in het Nederlands zowel 'maar' als ' en' betekenen; in de evangelieteksten bijna altijd 'en'. Welnu, de vertaling 'en ik zeg u' is de gewone formulering die in rabbijnse discussies wordt gebruikt om de Tora toe te lichten. Waarom hier dan niet? Het is trouwens opvallend dat Jezus' uitleg van elk afzonderlijk gebod van de Wet nooit een tegenstelling is maar een radicalisering van de Tora naar zijn diepste intentie. Op deze 6e zondag horen we over het niet moorden. Geheel in Jezus' stijl is (om een voorbeeld te noemen) de volgende tekst die in de Talmoed staat: 'Een leraar leerde aan Rav Nachman, de zoon van Jitschak: "Iedereen die het gezicht van zijn kameraad in aanwezigheid van velen doet verbleken, is alsof hij bloed vergiet." Rabbi Natan zei: "Iedereen die zijn naaste haat, doet hem onrecht en ontwortelt God uit de wereld." Ben Azzai zei: "Gij zult niet zeggen: omdat ik veracht ben moge mijn naaste net als ik veracht worden... Als gij zo handelt, weet dan, dat gij Hem veracht naar wiens beeld de mens geschapen werd."'

Het beruchte en vaak verkeerd begrepen 'oog om oog, tand om tand' komt op de volgende (7e) zondag aan de orde. Wees gerust! Het was in Jezus' tijd (en ook in Mozes' tijd) geen gewoonte elkaars ogen en tanden uit te rukken. Ook niet als een ander jou flink had toegetakeld! De uitleg van deze rechtsregel was dat het slachtoffer in geld gecompenseerd moest worden voor de schade die hem was toegebracht. Hoe pijnlijk is het dat deze regel steeds maar weer wordt uitgelegd als de vuistregel voor heilloze wraakondernemingen. Iedere tand die er uit de mond van een weerloze geslagen is, roept om... protest! Als één mens wordt gekwetst, is het alsof God zelf wordt gekwetst, en ieder die één mens redt... redt de wereld. Als we deze regels lezen met de ogen van het slachtoffer tot ons gericht, worden we bescheidener. Overal waar tanden worden uitgeslagen en arrogant gehandeld wordt, wordt God mishandeld en is er de roep om recht en vernieuwing van de wereld hoorbaar.[7]

Heel wat zondagen overslaand komen we op de 30e zondag aan bij Jezus' samenvatting van de Wet in Matteüs 22:34-40, gecombineerd met Exodus 22. In het Marcusjaar komt de paralleltekst aan de orde die voorafgegaan wordt door het 'Hoor, Israel...' (Deuteronomium 6:4). De uitval van Jezus naar de Farizeeën op de 31e zondag biedt de gelegenheid om in zeven antisemitische valkuilen tegelijk te vallen, maar wij houden het hoofd koel. De apotheose nadert en op de laatste zondag van het kerkelijk jaar (het hoogfeest van Christus Koning) komt in Matteüs 25:31-46 de kerntekst uit Matteüs' evangelie: 'wat ge voor de minsten der mijnen hebt gedaan, dat hebt ge aan mij gedaan.'

En zo is het liturgische A-jaar rond. We begonnen bij Jesaja 2: 'Uit Sion komt de Wet' en we eindigden met 'wat ge de minsten der mijnen hebt gedaan...' Een hele zinvolle serie lezingen is langs ons heen gegaan.[8]

Nog veel werk te doen

Het lectionarium van 1969 biedt een zinvolle mogelijkheid om, ook in leerhuizen, de synoptische evangeliën te volgen. Het Johannesevangelie – ik zei het al – had eigenlijk ook een eigen jaar moeten hebben. Het Oude Testament komt aan de orde. Niet genoeg maar toch. De Pauluslezingen heb ik –en dat nog wel in het Paulusjaar[9] – nauwelijks vermeld. Dat komt omdat ze gewoon bestaan uit een continulezing uit de brieven zonder dat er veel duidelijk verband is (men kan het natuurlijk altijd wel gaan zoeken en soms ook vinden). Vandaar dat het in sommige kerken de gewoonte is de Pauluslezing niet op de voorgeschreven plek (tussen de eerste lezing en het Evangelie) te laten klinken maar aan het einde van de viering als een soort zendingstekst. Deze plek in de viering is zinvoller dan in de grote serie van drie lezingen aan het begin van de liturgie.

Er is nog veel werk te doen. Zo zou men de hinderlijke inkortingen ongedaan moeten maken en oppassen niet in de valkuilen te vallen die de keuze van de Schriftlezingen-combinaties op de zondagen soms voor ons openlegt. Niet altijd. Soms (tamelijk gunstig) is de oudtestamentische lezing gekozen omdat er in de evangelieperikoop een citaat uit voorkomt. Soms (wel leerzaam) lijken bepaalde gebeurtenissen op elkaar (de spijzigingen door Elisa en Jezus). Maar helaas, ook wordt er wel eens (heel slecht!) een tegenstelling gesuggereerd (de melaatsheidregels van Leviticus 13 en de genezing van een melaatse in Marcus 1:40 e.v). En steeds ligt het gevaar op de loer dat er bij de gedeeltes waar verteld wordt over de binnenjoodse discussie van Jezus met de Farizeeën, zijn opponenten worden gezien als vertegenwoordigers van een verouderd legalistisch jodendom dat schriel afsteekt tegen het frisse christendom. Een foute voorstelling van zaken waaraan zowel 'conservatieve' als 'progressieve' kerkelijke kringen zich in een wonderlijke eensgezindheid bezondigen.

Aanbevelingen

1) Het verdient aanbeveling niet te knippen in de lezingen die ons worden aangeboden. Pijnlijk is het bijvoorbeeld als in Exodus 3 (de openbaring van Gods naam aan Mozes) in het officiële lectionarium het vers wordt weggelaten: 'Ik heb de ellende van mijn volk in Egypte gezien, de jammerklachten om zijn onderdrukkers gehoord; ja, Ik ken zijn lijden.'

2) Gebruik dus liever geen aparte lectionaria (boeken met kleine stukjes Bijbel) maar een gewone volledige bijbel om uit te lezen. De Lezenaarbijbel van de Willibrordvertaling is daarvoor uitstekend bruikbaar en bovendien voorzien van waardevolle joodse commentaren achter op de fraaie illustraties van de kunstenaar Marcus van Loopik.

3) Het kan heilzaam zijn voor christenen kennis te nemen van de joodse manier van Schriftuitleg. De publicaties van de Folkertsmastichting voor Talmudica (met name de Tenachon-reeks) openen daartoe de ogen.

4) Het is mogelijk en verrijkend om naast de gewone zondagsliturgie ook op een weekavond bijvoorbeeld de tafel met de rijke gaven van de Heilige Schrift wat breder aan te richten en daar aparte bijbelboeken uitgebreid te lezen en te overwegen. Maar echt verrijkend zou het voor ons christenen zijn om in de zondagsliturgie de joodse Bijbel eens wat uitgebreider te laten klinken door bijvoorbeeld een 'lectio continua' toe te passen uit de Tora of de Profeten. Bijna niemand weet dat in de 'groene' tijden (de gewone zondagen tussen epifanie en de eerste zondag van de vasten en tussen Pinksteren en de eerste zondag van de advent) zo'n lectio continua van officiële kerkelijke zijde wordt aanbevolen. Helaas legt men zich meestal te gemakkelijk neer bij de geprefabriceerde liturgieboekjes die in de meeste Nederlandse katholieke kerken gebruikt worden.

Conclusie

Bij de christelijke liturgie moet uit zowel het Oude als het Nieuwe Testament worden gelezen. Het Nieuwe Testament brengt de volkeren in aanraking met de God van Israël. Het Oude Testament is echter het eerste woord. Het hele Nieuwe Testament verwijst ernaar. Het Nieuwe Testament kan niet zonder het Oude. Beide zijn wezenlijk belangrijk in de christelijke traditie. Beide zouden ook met evenveel waardering omringd moeten worden in de liturgie. Hier kunnen wel eens kansen liggen voor bewustwording van eigen identiteit en tegelijk erkenning van en respect voor de eigenheid van het jodendom. Christenen zijn geen joden: de kerk neemt niet de plaats in van het uitverkoren volk. Maar beide hebben zij hun plaats in de geschiedenis van God met de mensheid. Beide zijn een eigen weg ingeslagen, hebben een eigen ontwikkeling doorgemaakt en hebben een eigen taak en bestemming in deze wereld.

---

1 De term 'oudtestamentisch tegoed' is geijkt door de hervormde theoloog K.H. Miskotte (1894-1976) en houdt in dat de messiaanse beloften van het Oude Testament niet geheel door het Nieuwe Testament zijn ingelost en daarom als een tegoed uitstaan in de tijd.

2 Marcion (2e eeuw), als ketter veroordeeld vanwege zijn opvatting dat het Oude Testament heeft afgedaan en daarom geen plaats verdient in de christelijke Bijbel. Overigens vond Marcion ook het Nieuwe Testament op veel plaatsen te 'joods'. Alleen een ontjoodste versie van het Lucasevangelie en enkele brieven van Paulus vonden genade in zijn ogen.

3 Zie daarover W. Barnard, *Binnen de Tijd. Het zinsverband der liturgie*, Haarlem: U.M. Holland/Hilversum: Paul Brand, 1964.

4 P.Lapide en U. Luz, *Jezus de jood*, Kampen: Kok/Antwerpen: Patmos, 1985.

5 Zie ook Lucas 14:25; 15:1; 18:43; 19:2,48; 20:1,45; 21:38; 22:2vv; 23:37,48.

6 Veel daarover is te lezen in de trilogie van P.A. Elderenbosch over de driejarige leescyclus van de Schrift in de vroege kerk: *Hoor Israël* (1971), *Jahweh is onze God* (1973) en *God is in ons midden* (1974), uitgegeven bij Boekencentrum, Zoetermeer.

7 Zie daarover ook: Emmanuel Levinas, *Het menselijk gelaat*, Baarn: Ambo, 1969.

8 Zie ook H.J. van Ogtrop, *In het leerhuis van Matteüs, Marcus* en *Lucas*. De Schriftlezingen van de zondag in hun relatie met het joodse geloofsgetuigenis A-/B-/C-jaar, 3 delen, 's-Hertogenbosch: KBS/Brugge: Tabor, 1989-1991.

9 Het jaar van 29 juni (hoogfeest van de HH. Petrus en Paulus) 2008 tot 29 juni 2009, stond voor de wereldwijde rooms-katholieke kerk in het teken van de apostel Paulus.

H.J. van Ogtrop is plebaan van de kathedrale basiliek Sint-Bavo te Haarlem en oud-voorzitter van de Katholieke Raad voor Israël (1994-2005).

De Bijbel toegelicht

Van Historiebijbel tot Professorenbijbel

Inleidingen en aantekeningen in rooms-katholieke bijbelvertalingen van 1300-1900

Paul Kevers

In welke mate en met welk doel waren Nederlandse bijbelvertalingen door de eeuwen heen voorzien van inleidingen en aantekeningen? De bijbelvertalingen van de Reformatie en de moderne bijbelvertalingen vanaf de Petrus Canisius worden in andere artikelen van deze bundel besproken. In dit artikel verkennen we rooms-katholieke bijbelvertalingen vanaf de late middeleeuwen tot aan de Petrus Canisiusvertaling, zonder daarbij volledigheid na te streven of al te zeer in details te treden.

Middelnederlandse bijbelvertalingen

Een complete Nederlandse bijbelvertaling werd in de middeleeuwen nooit gemaakt. Er ontstonden wel vertalingen van afzonderlijke bijbelboeken of bijbelgedeelten, bijvoorbeeld van de vier evangeliën, soms tot één geheel verwerkt in een 'evangeliënharmonie'. Een opmerkelijk voorbeeld daarvan is het 'Luikse diatessaron', ook genoemd het 'Sint-Truidense Leven van Jezus'. Het eerste werk dat in de buurt komt van een volledige bijbelvertaling is de zogeheten 'historiebijbel'. Er ontstonden verscheidene historiebijbels in de middeleeuwen. Een der oudste en meest opmerkelijke is de 'Historiebijbel van 1361'.

De evangeliënharmonie van Sint-Truiden

Het betreft hier een Middelnederlands handschrift afkomstig uit de abdij van Sint-Truiden, geschreven omstreeks 1320. Het is een unieke tekstgetuige van de Middelnederlandse evangeliënharmonie die in de Zuidelijke Nederlanden tot stand kwam in het laatste kwart van de dertiende eeuw. Het bevat de tekst van de vier evangeliën, verwerkt tot één geheel, aangevuld met interlineaire of marginale glossen en exposities, ontleend aan andere bronnen, onder meer de zogeheten 'Glossa ordinaria' of commentaren van kerkvaders. Het begint met een inleiding waarin de auteur de moeilijkheden van zijn werk opsomt en de methode uitlegt die hij heeft gevolgd. In de evangelietekst zelf wordt telkens nauwkeurig aangegeven uit welk van de vier evangeliën de tekst afkomstig is en of de passage ook bij andere evangelisten te vinden is.

Een voorbeeld. In de proloog schrijft de auteur: 'Ende hir omne alsic te din steden come, so salic ochte met glosen ochte met expositien die donkerheit vercleren, so ic best ende cortelecst mach. Want kirdic de blote wart also in didsche alse in den texte gescreuen sijn, so bleue dit werc alte donker in uele steden, ende oc souden de wart die ic screue in somen steden schinen iegen redene ende iegen onse gheloeue, alse in die stat daer onse here segt: Si oculus tuus scandalizat te, ...' ('En daarom, als ik op die plaatsen kom, zal ik ofwel met glossen ofwel met exposities de moeilijkheid verklaren, zo goed en zo kort als ik kan. Want als ik alleen de woorden zoals ze in de tekst geschreven staan in het Diets zou vertalen, dan bleef dit werk al te duister op vele plaatsen, en ook zouden de woorden die ik schreef op sommige plaatsen in tegenspraak lijken met de rede of met ons geloof, zoals op de plaats waar onze Heer zegt: Si oculus tuus scandalizat te, ...').

Op de betreffende plaats staat bij de evangelietekst 'Ende schandalizeert di dine oghe stec se ut ende werpse van di...' de volgende expositie in de marge: 'Dese wart sijn also te uerstane dat die ghenugten van de sunden die toe comen ouermids den leden des lichamen van buten, ende die bose begherten sijn af tesnidene, dats vromelec tewederstane, nit dat imen sinen lichame si schuldech te minkene, want dat iegen redene ware en iegen dat verbot van den schrifturen' ('Deze woorden moeten aldus verstaan worden, dat de geneugten van de zonden die via de ledematen van het lichaam van buitenaf komen en de boze begeerten afgesneden moeten worden, dat wil zeggen vroom weerstaan moeten worden, niet dat men zijn lichaam op schuldige wijze moet verminken, want dat zou tegen de rede zijn en tegen het verbod van de Schrift').

De auteur is zich ook bewust van het synoptische probleem. In een voetnoot onderaan een pagina lezen we bijvoorbeeld: 'Van dezze materien sprekt lucas anders dan matheus, want matheus segt dat IHC din sermoen dede op den berch ende lucas segt dat hine dede beneden op dat plain van den dale dese discordantie concorderen de glosen ende zeggen dat IHC twee sermone makde die gelyc waren, den enen op den berch sinen yongren ende den andren beneden den volke' ('Over deze materie spreekt Lucas anders dan Matteüs, want Matteüs zegt dat Jezus deze toespraak op de berg hield en Lucas zegt dat hij het beneden op de vlakte deed. De glossen [d.i. de commentaren van de kerkvaders] brengen deze discordantie in overeenstemming en zeggen dat Jezus twee gelijke toespraken hield, de ene op de berg voor zijn leerlingen en de andere beneden voor het volk'). Daarna volgt in de voetnoot de tekst volgens Lucas.

We kunnen dus wel zeggen dat deze evangeliënharmonie een allereerste voorbeeld is van een Nederlandse 'bijbelvertaling met aantekeningen'.

De Historiebijbel van 1361

Vrijwel alle middeleeuwse historiebijbels in de volkstaal zijn geïnspireerd op een Latijns voorbeeld, de *Historia scholastica* van Petrus Comestor (†1179). Petrus was geboren in Troyes omstreeks 1100 en doceerde theologie aan de kathedraalschool van Parijs. Rond 1170 schreef hij zijn monumentale werk *Historia scholastica*, een compilatie van de historische boeken van de Bijbel, ontleend aan de Vulgaat, uitgebreid met verklarende glossen, commentaren van kerkvaders en theologen en verwijzingen naar de profane geschiedenis in de betreffende periode, onder meer ontleend aan de Antiquitates Judaicae van Flavius Josefus. Aangezien Petrus Comestor schreef voor Parijse theologiestudenten, geeft hij de bijbeltekst vaak slechts heel beknopt weer en is het hem vooral te doen om de verklaringen en commentaren.

Al gauw ontstond bij leken de behoefte aan een weergave in de volkstaal van de *Historia scholastica*. In tegenstelling tot het Latijnse voorbeeld, was het daarbij wel van belang dat meer volledige bijbelteksten weergegeven werden. In het Nederlandse taalgebied begint de traditie in 1271 met de Rijmbijbel van Jacob van Maerlant, een gedicht in 35.000 versregels, dat gebaseerd is op de *Historia scholastica*. Van Maerlant nam daaruit alleen de verhalende gedeelten over, gaf de bijbelgedeelten ruimer weer tot en met de evangeliën en voegde aan het eind een beknopte bewerking in verzen toe van De Bello Judaico van Flavius Josefus. Het verhaal over de verwoesting van Jeruzalem in 70 na Christus werd gezien als het natuurlijke vervolg op het bijbelverhaal: de verwoesting van Jeruzalem werd immers geïnterpreteerd als een straf van God voor de kruisiging van Jezus. Aangezien het om een weergave in versvorm gaat, kan men de Rijmbijbel niet echt een bijbelvertaling noemen. Dat ligt anders voor de Historiebijbel in proza.

De zogeheten 'Zuidnederlandse Historiebijbel van 1361' werd naar alle waarschijnlijkheid gemaakt door de kartuizermonnik Petrus Naghel in Herne in het Pajottenland (Vlaams Brabant), in opdracht van de Brusselse patriciër Jan Taye. Het autograaf is verloren gegaan. Het werk is gekend door onderling verschillende kopieën voornamelijk uit de vijftiende eeuw. We baseren ons op de reconstructie van het origineel door Mikel Kors (zie de literatuurlijst). De auteur begint met een lange proloog, onder meer over de wijze waarop de Schrift gelezen moet worden, zijn werkwijze als vertaler, zijn beoogde publiek en de tegenkanting die hij verwacht bij het ontsluiten van de Bijbel in de volkstaal. In zijn werk maakt hij een strikt onderscheid tussen de bijbeltekst zelf, die uit de Vulgaat wordt vertaald, en de toegevoegde commentaren: verklarende glossen op moeilijke woorden en begrippen in de bijbeltekst en vooral ontleningen aan Petrus Comestors *Historia scholastica* in aparte tekstblokken. Hij drukt toekomstige kopiisten op het hart, dat onderscheid zorgvuldig te handhaven.

Naar het voorbeeld van de *Historia scholastica* bevat de Historiebijbel van 1361 enkel de verhalende gedeelten uit de Bijbel. De profeten, psalmen en wijsheidsliteratuur ontbreken zo goed als volledig, net als de brieven en de Apocalyps. Het commentaar beslaat ongeveer een derde van de tekst. Naast Petrus Comestor maakte de auteur voor de niet-bijbelse verhalen over Alexander de Grote en de verwoesting van Jeruzalem gebruik van het oeuvre van Jacob van Maerlant en andere bronnen. Het was zijn bedoeling boeiende en nuttige leesstof ter beschikking te stellen van ontwikkelde leken, die enerzijds de Bijbel wilden bezitten en lezen, maar bovendien veel belang stelden in het vervolg op de gewijde geschiedenis. De gereconstrueerde inhoud van de Historiebijbel van 1361 ziet er als volgt uit:

Eerste deel (voltooid op 12 juni 1360):
- Grote proloog
- Pentateuch
- Jozua met proloog
- Rechters
- Ruth
- 1–4 Koningen met proloog
- Gebed van Manasse
- Tobias
- Ezechiël met proloog (sterk bekort, naar *Historia scholastica)*
- Daniël met proloog (sterk bekort, naar *Historia scholastica)*
- Habakuk (naar *Historia scholastica)*
- Contrariteiten (een commentaar op de verwarrende gegevens aangaande de regeringsjaren van de koningen in 1–4 Koningen, naar *Historia scholastica)*

Tweede deel (voltooid op 23 juni 1361):
- verhaal over Cyrus met proloog (naar *Historia scholastica*)
- Ester
- Judit
- Ezra – Nehemia (naar *Historia scholastica*)
- verhaal over Alexander de Grote (bewerkt naar *Spieghel historiael en Alexanders geesten* van Jacob van Maerlant)
- 1–2 Makkabeeën
- verhaal over Jan Hyrcanus (naar *Historia scholastica*)
- Evangeliënharmonie met proloog
- Handelingen met proloog
- Destructie van Jeruzalem met proloog (naar *De Bello Judaico van Flavius Josefus*, waarvan ook Jacob van Maerlant gebruik maakte voor het tweede deel van zijn Rijmbijbel)

De Historiebijbel van 1361 is dus niet zomaar een bijbelvertaling; het is eerder een 'bijbelse geschiedenis' waarin naast de bijbeltekst zelf veel plaats wordt ingeruimd voor inleidingen, aantekeningen, commentaren en aanvullende verhalen. Maar zoals gezegd heeft de auteur er zorg voor gedragen om de bijbeltekst en de 'paratekst' duidelijk van elkaar te onderscheiden.

Invloed van de Historiebijbel op vijftiende-eeuwse Bijbeldrukken

In de *Delftse Bijbel* (het eerste gedrukte boek in het Nederlands, gedrukt te Delft in 1477), die het volledige Oude Testament zonder de Psalmen bevat, werden de bijbelgedeelten uit de Historiebijbel van 1361 overgenomen en bewerkt. Zelfs de Proloog van de Historiebijbel werd gedeeltelijk overgenomen. Maar alle glossen, commentaren en toevoegingen werden weggelaten. De 'paratekst' blijft beperkt tot een paar korte zinnen tussen de afzonderlijke bijbelboeken in, waarin vermeld wordt dat het ene bijbelboek eindigt en het volgende begint, en dat volgende bijbelboek soms in een of een paar zinnen wordt ingeleid. Zo bijvoorbeeld tussen de boeken Prediker en Hooglied: 'Hier gaat uut ecclesiastes. Ende hier beghint cantica canticorum te duutsche, die stemme der kerken tot cristum of die bruut tot den brudegom.'Allegorische lezing dus van het Hooglied, dat echter wel vertaald wordt, in tegenstelling tot de Keulse Bijbel (zie hierna). Enkele bijbelboeken krijgen een iets langere proloog, zo Makkabeeën, Jesaja, Ezechiël en de twaalf kleine profeten. De Delftse Bijbel is dus een bijbelvertaling met (zeer) korte inleidingen maar zonder aantekeningen. Is dit het begin van een ontwikkeling, in de aanloop naar de Reformatie, waarbij men zich beperkt tot de bijbeltekst zelf?

Gedeelten van de Historiebijbel werden ook overgenomen in de *Keulse Bijbel* (tweemaal gedrukt in Keulen omstreeks 1478). Deze Keulse Bijbel kan men wel een 'bijbel met inleidingen en aantekeningen' noemen. Het boek begint met een algemene inleiding waarin het onder meer gaat over Gods wijsheid in de Bijbel en over hoe men de Bijbel lezen moet. Er wordt ook aangekondigd dat er in de tekst glossen voorkomen om duistere en moeilijk verstaanbare plaatsen uit te leggen. Die glossen worden tussen diakritische tekens geplaatst en onderstreept; ze zijn dus duidelijk onderscheiden van de bijbeltekst. De glossen zijn ontleend aan de *Postillae perpetuae* van Nicolaus van Lyra (circa 1270 – circa 1349). Daarna volgt een tweede inleiding waarin alle bijbelboeken opgesomd worden met telkens een korte inhoud van vier à vijf regels. Ook in de bijbeltekst zelf worden de meeste hoofdstukken voorafgegaan door een korte inhoud. De vier evangeliën, Handelingen en de brief aan de Romeinen hebben een langere 'voorrede'. De Keulse Bijbel bevat mooie prenten, die soms ook een soort 'commentaar' bij de bijbeltekst zijn. Zo bijvoorbeeld de tekening bij Deuteronomium 34, waarop te zien is hoe God en twee engelen Mozes begraven. Deuteronomium 34:6 wordt er als volgt vertaald: 'En *<u>de here</u>/begrepe em in den dale des landes Moab' (waarbij 'de here' een glosse is, want in de bijbeltekst staat wel dat Mozes begraven werd, maar niet door wie). Opvallend is ook dat het Hooglied in de Keulse Bijbel niet vertaald wordt maar in het Latijn wordt afgedrukt. Blijkbaar vond men de erotische tekst van Hooglied toch niet zo geschikt voor leken...

Reformatie en contrareformatie

De middeleeuwse Nederlandse bijbelvertalingen waren allemaal gebaseerd op de Latijnse Vulgaat. Daarin komt verandering met het humanisme en de Reformatie. Luther vertaalde de Bijbel uit de Hebreeuwse en Griekse grondtekst in het Duits. Op basis van die vertaling van Luther werd een Nederlandse vertaling gemaakt, de zogeheten *Liesveltbijbel,* die voor het eerst gedrukt werd door Jacob van Liesvelt te Antwerpen in 1526, en vanaf 1542 aangevuld met kanttekeningen van reformatorische strekking. Naar aanleiding daarvan werd Liesvelt door de Inquisitie ter dood veroordeeld en terechtgesteld in 1545. In 1526 had keizer Karel immers in een 'plakkaat' verboden bijbels uit te geven 'hebbende prefacien of prologue, inhoudende dolinghen, erreuren of doctrine vanden vorseyden Luther ende zijne adherenten'. Andere uitgevers probeerden daarom bijbels op de markt te brengen die wel genade zouden vinden in de ogen van de Inquisitie en aanvaardbaar zouden zijn voor rooms-katholieke lezers.

De Bijbel van Vorsterman (1528)

Willem Vorsterman drukte in 1528 een Bijbel die gebaseerd was op de Liesveltbijbel van 1526, maar met lichte aanpassingen van de vertaling aan de Vulgaat, op advies van de Leuvense Theologische Faculteit. Op de titelpagina staat vermeld: '... ende opten cant des boecks die alteratie die hebreeusche veranderinge, naerder hebreeuscher waerheyt der boecken die int hebreus zijn ende die griecsche der boecken die int griecs zijn ende dinhout voor die capittelen gestelt... Cum gratia et Privilegio'. Deze Bijbel verscheen dus met keizerlijke goedkeuring, bevatte boven elk bijbelhoofdstuk een korte samenvatting van de inhoud, en had in de marge kanttekeningen op plaatsen waar de (gevulgatiseerde) vertaling afweek van de grondtekst. In feite waren die randnotities afgeleid van de tekst van Luther. Toch werd deze 'Vorstermanbijbel' gedurende twee decennia de semi-officiële rooms-katholieke bijbelvertaling.

Inmiddels vaardigde het Concilie van Trente op 8 april 1546 het decreet over de Schriften uit. De Vulgaat werd de officiële rooms-katholieke Bijbel, en het drukken van niet officieel door de kerk goedgekeurde bijbelvertalingen, met aantekeningen of glossen zonder de naam van de auteur, werd verboden. Zowel de Liesveltbijbel als de Vorstermanbijbel werden opgenomen in de eerste 'index' of lijst van verboden boeken die in 1546 te Leuven op vraag van keizer Karel werd opgesteld.

De 'Leuvense Bijbel' van Nicolaas van Winghe (1548)

In 1547 verscheen in Leuven bij drukker Bartholomeus van Grave een door de Leuvense professor Joannes Henten herziene versie van de Vulgaat. Dit zette Nicolaas van Winghe, augustijner monnik van het klooster Sint-Maartensdal in Leuven, ertoe aan een Nederlandse vertaling van de Bijbel te maken naar deze verbeterde Latijnse tekst. Hij werkte hard: de eerste druk verscheen bij Bartholomeus van Grave in september 1548. Hij moest zich haasten want begin 1548 had Alexander Blanckart in Keulen een herdruk uitgebracht van de Vorstermanbijbel, gewijzigd volgens de Vulgaat en met weglating van de kanttekeningen en de summaria boven de hoofdstukken. Die uitgave, door Van Winghe het werk van een 'ondercruyper' genoemd, heeft echter weinig ingang gevonden.

In de eerste druk van de 'Leuvense Bijbel' staat voorin het 'Privilegie door de Keizer'. Daarna volgt een 'Saluyt aan den goetwillighen lezer', waarin de auteur onder meer vermeldt dat hij bij zijn werk hulp heeft gekregen van twee Leuvense doctores, Peter de Corte en Godevaart Stryrode. Vervolgens komt een tabel waarmee men de liturgische lezingen van epistel en evangelie terug kan vinden en een lijst van alle bijbelboeken met opgave van het aantal hoofdstukken. Daarna volgt een lange proloog of inleiding in dertien hoofdstukken: 'Een goet onderwijs van die weerdicheyt, nutticheyt, ende diepheyt der heiliger Scriftueren, ende hoe men die behoort te lesen, ende te verstaen, ende te ghebruycken om salich te worden'. In die inleiding zet de auteur het principiële standpunt van de kerk uiteen tegenover de Bijbel in het algemeen en vertalingen in het bijzonder. Hij wil de juiste lezing van de Schrift bevorderen en waarschuwt voor het 'perikel van dolinghen' door eigenmachtige verklaringen. Hij legt ook uit waarom 'andere Duytsche en Walsche Bibels' verboden zijn. De Liesveltbijbel is verboden omdat hij niet uit de Vulgaat is vertaald maar berust op de Duitse Bijbel van Luther. Ook de Bijbel van Vorsterman wordt afgewezen als onbetrouwbaar, omdat de drukker niet alle 'correctueren' heeft overgenomen. Na de inleiding, die 27 pagina's beslaat, volgt een woord van de drukker: 'Die Prenter totten goetwillighen Lezer' en drie pagina's met corrigenda. In de bijbeltekst zelf zijn illustraties opgenomen maar verder geen inleidingen of aantekeningen, behoudens een opschrift boven elk bijbelboek met soms een kort woord uitleg. Bijvoorbeeld: 'Hier beghint dat ierste boeck Paralipomenon in duytsche, het boeck van die woorden der daghen dat is een cronijcke welck is een corte verhalinghe des ouden testaments'. Merkwaardig is dat ook het apocriefe derde en vierde boek Ezra en het Gebed van Manasse zijn opgenomen, ondanks het feit dat het Concilie van Trente die bijbelgedeelten als niet-canoniek had bestempeld.

Van de 'Leuvense Bijbel' zijn vele herdrukken verschenen, tot in de negentiende eeuw. In 1566 verscheen een druk bij Plantijn in Antwerpen, waarin de lange inleiding van Van Winghe niet meer is opgenomen. Wel staat de tabel met liturgische epistel- en evangelielezingen erin en wordt boven elk bijbelhoofdstuk een korte inhoudsopgave afgedrukt en in de marge kruisverwijzingen naar parallelle of verwante bijbelpassages. Op de titelpagina wordt dat als volgt aangekondigd: 'Den Bibel... met cort beduytsel voor elck Capittel, ende ghetal aen de canten, tot seker bewijsinghe der concordancien.'

De Moerentorfbijbel (1599)

In 1599 verschijnt in Antwerpen een nieuwe druk bij Jan Moerentorf (Moretus), schoonzoon en opvolger van Plantijn. In deze druk is de vertaling van Van Winghe gecorrigeerd volgens de nieuwe officiële editie van de Vulgaat die na het Concilie van Trente verscheen: de zogeheten editio Sixto-Clementina. Op de titelpagina klinkt dat als volgt: 'Van nieus met groote neersticheyt overzien, ende naer den lesten Roomschen text verbetert, door sommighe Doctoren inder Heyligher Godtheyt inde vermaerde Universiteyt van Loven. t'Antwerpen by Ian Moerentorf anno MDXCIX. Met Privilegie.' Deze druk draagt de kerkelijke goedkeuring van Gulielmus Fabricius Noviomagus, apostolisch en koninklijk boekenkeurder, Samuel Loyaerts, doctor in de theologie en pastoor van de Sint-Michielskerk in Leuven, en Ioannes Malderus, professor theologie. Bovendien kreeg Moerentorf het privilege van zijne koninklijke majesteit om als enige in de Nederlanden bijbels te mogen drukken. Verder heeft deze *Moerentorfbijbel*, net als de druk van 1566, een tabel met liturgische lezingen, korte inhouden boven elk bijbelhoofdstuk en randverwijzingen naar verwante bijbelplaatsen. Ook staan de apocriefe boeken 3 en 4 Esdras en het Gebed van Manasse er nog steeds in.

De 'Leuvense Bijbel' of 'Moerentorfbijbel' bleef tot in de negentiende eeuw de rooms-katholieke standaardtekst van de Nederlandse bijbelvertaling. Hij werd veelvuldig en in vele vormen herdrukt. Zo bijvoorbeeld verscheen in 1838 in Brussel bij de drukkers Meline, Cans en Cie een herdruk van de Moerentorfbijbel van 1599, inclusief de kerkelijke goedkeuring, met korte inhoud boven elk bijbelhoofdstuk maar zonder randnotities en zelfs zonder de deuterocanonieke bijbelboeken en bijbelgedeelten: 'Deze uytgaef vervat alle de boeken van het Oude Testament die in den Hebreeuwschen text zijn'. Eveneens te Brussel in 1846 bij drukker J.H. Briard een herdruk van het Nieuwe Testament met enkel de tekst met hoofdstuk- en versnummers en verder geen enkele inleiding, aantekening of randnotitie.

We kunnen dus besluiten dat de rooms-katholieke Nederlandse bijbelvertaling die van midden zestiende tot en met de negentiende eeuw het meest verspreid was, een Bijbel zonder inleiding en aantekeningen was. Enkel de eerste druk van Nicolaas van Winghe had een lange inleiding of proloog, in de latere herdrukken werd die niet meer opgenomen. De enige 'paratekst' die in veel drukken voorkwam, waren de korte inhoudsopgaven boven de bijbelhoofdstukken en verwijzingen in de marge naar parallelle of verwante bijbelteksten. Maar er waren ook drukken die niets van dat alles hadden en louter de zuivere bijbeltekst brachten.

Jansenisten en Minderbroeders

De jansenistische beweging wilde onder meer de bijbellezing bevorderen en bracht daartoe Nederlandse bijbelteksten en bijbelverklaringen onder het volk. Die werden meestal door Rome veroordeeld, maar toch niet altijd. Zo verscheen er in 1717 een op de Vulgaat gebaseerde Nederlandse vertaling van het Nieuwe Testament door de jansenistisch gezinde Philippus Laurentius Verhulst, die in de rooms-katholieke kerk aanvaard en gebruikt werd, onder meer voor perikopenboeken (uitgaven die enkel de lezingen van de mis bevatten), en die verkozen werd boven de 'Leuvense Bijbel' omdat ze moderner klonk.

De onvoltooide bijbelvertaling van Smits en Van Hove (1744-1780)

Als reactie tegen het jansenisme gaf kardinaal Philippe d'Alsace, aartsbisschop van Mechelen, in 1733 de opdracht tot het maken van een nieuwe Nederlandse bijbelvertaling. De franciscaan Willem Smits, bedreven in de bijbelse grondtalen, zette zich aan het werk. Het resultaat van zijn arbeid, na zijn dood in 1770 voortgezet door zijn confrater Peter van Hove, verscheen in verschillende delen in de jaren 1744-1780. De uitgaven zijn rijkelijk voorzien van inleidingen en aantekeningen. Zo opent deel I van Exodus met 79 bladzijden inleiding, waarna een verhandeling volgt van nog eens 73 pagina's. De uitgebreide aantekeningen zijn van apologetische aard – Smits verzet zich met name tegen de rationalisten van de zeventiende eeuw – maar ook grammaticaal en filologisch. Er wordt vertaald in het 'Belgisch' (sic) vanuit de Vulgaat, maar uit de aantekeningen blijkt dat de vertaler zich goed bewust is van de oorspronkelijke tekst en van de oude Griekse vertalingen. Smits en Van Hove hebben niet de volledige Bijbel vertaald. Hun monumentale werk omvat de Pentateuch, de boeken Ezra, Nehemia, Tobit, Judit, Ester en Job, Psalmen, Sirach, Spreuken, Prediker, Hooglied en Wijsheid.

Bijbels van professoren

In de negentiende eeuw hebben katholieke universiteitsprofessoren van Zuid en Noord zich ingespannen voor een nieuwe, wetenschappelijk verantwoorde Nederlandse bijbelvertaling. Op de eerste plaats moeten we hier Jan Theodoor Beelen vermelden, die de eretitel 'Groot-Nederlandse Hiëronymus' kreeg. De taalgeleerde en theoloog Beelen, geboren in Amsterdam, werkte na zijn studies in Amsterdam en Rome als hoogleraar aan de universiteit van Leuven en publiceerde er in 1858 zijn 'Grondregels voor het vervaardigen eener Nederduitsche vertaling van het Nieuwe Testament ten gebruike der Katholieken'. Daarin legde hij de grondslag voor zijn vertaalwerk, uit de Vulgaat – als rooms-katholiek kon hij niet anders –, maar altijd met raadpleging van de grondtekst, 'de fakkeldrager die de vertaler overal moet voorlichten'.

De bijbelvertaling van Jan Theodoor Beelen e.a. (1860-1896)

Na zijn 'Grondregels' publiceerde Beelen zijn vertaling van het Nieuwe Testament, die in de jaren 1860-1866 in drie delen verscheen. In 1870-1871 verscheen een perikopenvertaling, in 1878 volgden de Psalmen, in 1879 Spreuken en postuum in 1896 de andere wijsheidsboeken. Al deze uitgaven bevatten inleidingen en aantekeningen, die vooral dienen om de letterlijke zin van de bijbeltekst te verklaren; in een van zijn inleidingen schrijft Beelen: 'Praktische toepassingen van de leer daarin vervat lieten wij aan het godsdienstig nadenken onzer lezers over.' De toelichtingen getuigen van Beelens grondige kennis van het Hebreeuws en het Grieks.

Het werk van Beelen werd opgenomen in een commentarenreeks op het volledige Oude Testament die in 1896-1897 in Brugge verscheen: 'Het Oude Testament in het Vlaamsch vertaald en uitgelegd door J. Th. Beelen e.a.'. Naast Beelen werkten daaraan mee de Vlaamse professoren Coornaert, Corluy, Dignant, Haghebaert en Vandeputte. In de eerste helft van de twintigste eeuw verschenen nog heruitgaven van Beelens vertaalwerk.

De 'Professorenbijbel' (1894-1904)

In het Noorden had men zo zijn bedenkingen bij het 'Vlaamsch' waarin de zojuist genoemde Brugse commentaarreeks verscheen. Dat klonk namelijk nogal dialectisch en de seminarieprofessoren van de Utrechtse kerkprovincie lanceerden een eigen initiatief. Het waren de eerwaarde heren Brouwer, Jansen, Dessens, Van Zinniq Bergman, Schets, Drehmanns, Van Oers, Kabel en pastoor Sloet. Met goedkeuring van het episcopaat gingen zij aan het werk. Het was hun bedoeling een eigentijdse Nederlandse vertaling van de Vulgaat te maken en de tekst door inleidingen en exegetische, historische en apologetische aantekeningen te verklaren. De auteurs namen zich voor de grondregels van Beelen tot richtsnoer te nemen, maar niet zijn taal. Deze zogeheten 'Professorenbijbel' verscheen in de jaren 1894-1904 in zeven de len in 's-Hertogenbosch. Hij bevatte het volledige Oude Testament inclusief de deuterocanonieke boeken.

Voor wat het Nieuwe Testament betreft, werd de fakkel overgenomen door de 'Apologetische Vereniging Petrus Canisius'. In 1906 verscheen de vertaling van evangeliën en Handelingen, in 1929 het volledige Nieuwe Testament. Over deze 'Petrus Canisiusvertaling' leest u elders in deze bundel meer.

Tot besluit

Middeleeuwse bijbelvertalingen waren voorzien van glossen en exposities, ontleend aan commentaren van kerkvaders. In de 'historiebijbels' werd de bijbeltekst bovendien aangevuld met niet-bijbelse geschiedenisverhalen. Naar aanleiding van de Reformatie zien we in rooms-katholieke bijbeluitgaven een evolutie in de richting van de 'naakte bijbeltekst': aantekeningen zijn verdacht omdat ze van 'ketterse' oorsprong kunnen zijn. Daar waar de Lutherse bijbelvertalingen en de eerste edities van de Statenvertaling rijkelijk van aantekeningen voorzien waren, was de ruim verspreide Leuvense Bijbel of Moerentorfbijbel een bijbelvertaling zonder inleidingen en aantekeningen. Dat veranderde weer vanaf de achttiende eeuw. In 1758 bepaalde paus Benedictus XIV dat bijbeluitgaven in de volkstaal toegestaan zijn 'indien ze door de Apostolische Stoel zijn goedgekeurd of althans uitgegeven zijn met aantekeningen ontleend aan de heilige vaders en/of aan geleerde en katholieke lieden'. Deze bepaling wordt hernomen in canon 1391 van het kerkelijk wetboek van 1917. Zo zien we dat de bijbelvertalingen van Smits en Van Hove, van Beelen en van andere professoren uitvoerige inleidingen en aantekeningen hebben. En dat zal ook zo blijven voor de twintigste-eeuwse rooms-katholieke bijbelvertalingen.

Literatuur

August den Hollander e.a. (red.), *Middelnederlandse bijbelvertalingen*, Hilversum: Verloren, 2007.
Jo Van Mechelen, *Het Sint-Truidense evangelie en de Koran*, Sint-Truiden: Geschied- en Oudheidkundige Kring, 2006.
Mikel Kors, *De Bijbel voor leken. Studies over Petrus Naghel en de Historiebijbel van 1361*, Leuven: Encyclopédie Bénédictine, 2007.
August den Hollander, 'Forbidden Bibles, paratext and the Index librorum prohibitorum: why Dutch Bibles were placed on the 1546-Louvain index', in: A. den Hollander e.a. (ed.), *Paratext and megatext as channels of Jewish and Christian traditions: the textual markers of contextualization*, Leiden: Brill, 2003, 152-175.
Wim François, 'Vernacular Bible reading and censorship in early sixteenth century. The position of the Louvain theologians', in: M. Lamberigts & A. den Hollander (ed.), *Lay Bibles in Europe 1450-1800* (BETL, 198), Leuven: Peeters, 2006, 69-96.
Wim François, 'Het voorwoord bij de "Leuvense bijbel" van Nicholaus van Winghe (1548). Over Schrift, Traditie en volkstalige Bijbellezing', in: *Ons geestelijk erf* 79 (2008) 7-50.
Cebus Cornelis de Bruin en Frits Gerrit Murk Broeyer, De Statenbijbel en zijn voorgangers. Nederlandse bijbelvertalingen vanaf de reformatie tot 1637, Haarlem: Nederlands Bijbelgenootschap, 1993.
Nico Tromp, '"De ontvouwing van Uw Woord verlicht". Driehonderdvijftig jaar rooms-katholieke Bijbelvertaling in Nederland en Vlaanderen', in: A.W.G. Jaakke & E.W. Tuinstra (red.), *Om een verstaanbare bijbel. Nederlandse bijbelvertalingen na de Statenbijbel*, Haarlem: Nederlands Bijbelgenootschap; Brussel: Belgisch Bijbelgenootschap, 1990, 107-136.

Dr. P. Kevers is oudtestamenticus en directeur van de Vlaamse Bijbelstichting.

Van Statenvertaling tot Nieuwe Vertaling

Inleidingen en aantekeningen in protestants-christelijke bijbelvertalingen

Kees Verdegaal

Inleiding

Interpretatie en herinterpretatie is een fenomeen van alle tijden. In de eeuwen rond het begin van onze jaartelling vertaalde men in de synagoge ter plekke de Hebreeuwse bijbeltekst in het Aramees voor hen die het Hebreeuws niet meer machtig waren. Oorspronkelijk was het verboden deze vertaling op schrift te stellen; in een later stadium werd dit evenwel toch gedaan. Het karakter van deze Targoem, de benaming voor deze Aramese vertaling, is actualiserend en parafraserend. Met andere woorden, sterk interpretatief en met de mogelijkheid van een tweede uitleg, de zogenaamde *targoem 'acheer*, 'de andere vertaling'.

De Tenach werd vanaf de eerste eeuwen van onze jaartelling op een pluriforme wijze 'vertaald' in de Talmoed. De vroege rabbijnen stonden een poly-interpretabiliteit van de teksten voor. Vandaar dat men compleet verschillende opvattingen – vaak in de vorm van discussies tussen rabbijnen – in dit veelomvattende werk vindt. Een rabbijn als Moses Maimonides (1135-1204) herinterpreteert op zijn beurt opnieuw de Talmoed in zijn *Misjnee Tora*, letterlijk 'herhaling van de Tora', een benaming die ontleend is aan Deuteronomium 17:18 en voor de Septuaginta tot de naam Deuteronomium (letterlijk 'Tweede Wet') heeft geleid. Tijdens de middeleeuwen ontstaan ook de commentaren op verschillende bijbelboeken van beroemde rabbijnen als Rasji (1040-1105), Abraham Ibn Ezra (1089-1164), David Kimchi (1160?-1235?), Nachmanides (1194-1270) en Levi ben Gersjom (1288-1344). Men schrikt er niet voor terug om steeds maar weer met andere zienswijzen geconfronteerd te worden.

Aan het einde van de middeleeuwen begint de renaissance, de tijd van de herbronning. Dat betekent niet alleen terug naar de bronnen van de Griekse en Romeinse oudheid, maar tevens aandacht voor de Hebreeuwse taal en de Hebreeuwse tekst van de Tenach. In die periode worden er met name ten behoeve van de joodse gemeenschappen zogenaamde rabbijnenbijbels uitgegeven. Naast de tekst van de Tenach treft men er in een parallelle kolom de Targoem aan, de Aramese vertaling van de Tenach. Daaromheen staan commentaren van – veelal drie – bekende rabbijnen. De allereerste rabbijnenbijbel verscheen in 1516-1517 te Venetië.

Gedurende de middeleeuwen was er in de christelijke traditie veel minder plaats voor commentaar in bijbeluitgaven zelf. Wel kende men de zogenaamde *Glossa ordinaria*, een verzamelwerk waarin een schat aan informatie over de Heilige Schrift, en de drievoudige betekenis ervan ('sensus litteralis', 'sensus spiritualis' en 'sensus allegoricus'), door de abt van Reichenau, Walafrid Strabon (overleden in 849), bijeen was gebracht. Deze *Glossa*, te verstaan als citaten ten behoeve van de uitleg van de Schrift, waren met name ontleend aan kerkvaders zoals Augustinus, Hiëronymus en paus Gregorius de Grote. Theologen als Petrus Lombardus en Thomas van Aquino putten er veelvuldig uit.

Vroege Nederlandse vertalingen

De Delftse Bijbel (1477), het eerste gedrukte boek in het Nederlands, omvatte alleen het Oude Testament; de Psalmen ontbraken evenwel. Deze vertaling was op de Vulgata Latina gebaseerd en schatplichtig aan een vertaling uit 1360. Noten ontbraken volledig, maar wel was er een *Prologus*, een voorwoord, opgenomen waarin geageerd wordt tegen het verzet van de geestelijken tegen een vertaling voor leken. In een vertaling als de Deux-Aesbijbel in de editie van bijvoorbeeld 1587, feitelijk gebaseerd op die van Martin Luther, is bij ieder hoofdstuk een korte inhoudsopgave opgenomen. Daarnaast treft men in de marge zeer summier een samenvatting van de betreffende passage aan en tevens verwijzingen naar andere bijbelteksten. Verder bevat die editie onder andere een 'Een vvtlegginghe, vande eygen Hebreeusche, Chaldeeusche/ende Griecksche Namen/de welcke inden Bybel ghevonden worden', met andere woorden, een namenregister. Dit register wordt gevolgd door een samenvatting van de gehele Bijbel op precies twee pagina's: 'Somma der H. Schrift. Een cort begrijp der gantscher heyligher Schriftuere des Ouden en des Nieuwen Testaments.' Ook is een beperkt aantal kaarten opgenomen, zoals bijvoorbeeld bij Numeri 33 in verband met het verblijf van Israël in de woestijn en de opstelling van de verschillende kampementen. Het is duidelijk dat al deze informatie de lezer ten dienste moet staan om de bijbeltekst te begrijpen. In deze editie van 1587 is tevens de berijming van de Psalmen door Petrus Dathenus opgenomen. Deze uitgave was duidelijk voor de gelovige lezer en kerkganger bedoeld.

De Statenvertaling (1637)

Gedurende de zestiende eeuw werden in de Noordelijke Nederlanden diverse pogingen ondernomen om tot een op de bronteksten, Hebreeuws, Aramees en Grieks, gebaseerde bijbelvertaling te komen.[1] Zij leden alle schipbreuk om uiteenlopende redenen. Tijdens de Synode van Dordrecht (1618-1619) werd – mede op aandringen van de vertegenwoodigers van buitenlandse kerken – besloten daadwerkelijk een vertaling tot stand te brengen. De vertalers werden aangesteld en de revisoren, vertegenwoordigers van de provincies, werden benoemd om de vertaling te controleren. Het zou nog enkele jaren duren voor het vertaalproject officieel van start kon gaan omdat de benodigde gelden niet onmiddellijk door de Staten Generaal beschikbaar werden gesteld. Dat geld was nodig omdat men zich voorgenomen had twee vertaalteams van telkens drie personen vrij te stellen voor de vertaling. Zij moesten 'huishouden' in Leiden, dicht bij de bibliotheek van de universiteit. In de Acta van de Synode werd bepaald – en dat was het uitgangspunt – dat de vertaling op de bronteksten gebaseerd moest zijn. Tevens werd gesteld dat de vertaling van een uitgebreide verantwoording moest worden voorzien.

Als voorbeeld hiervoor diende de *English Authorized Version* (EAV) uit 1611, de officiële Engelse bijbelvertaling waartoe koning Jacobus I opdracht had gegeven. Daarom wordt deze standaardvertaling nog steeds vaak aangeduid met *King James Version* of *King James Bible*. Deze vertaling baseerde zich uitdrukkelijk op de bronteksten. Men treft de beperkte, korte noten in de marge aan. In deze noten van het Oude Testament werd vaak naar de brontekst verwezen door middel van de aanduiding 'Heb.', gevolgd door een 'letterlijker' vertaling. Bij de Aramese teksten zoals Daniël staat de aanduiding 'Chald.', als afkorting voor 'Chaldaic', oftewel in het Nederlands Chaldeeuws, toentertijd de gebruikelijke aanduiding voor Aramees. Bij deze noten gaat het normaliter om een verantwoording van het idiomatische Engels. Ook treft men de aanduiding 'Or' ('of') aan gevolgd door een alternatieve vertaling. Veelal gaat het daarbij om een rabbijnse interpretatie of interpretaties van christelijke hebraïsten, de geleerden die zich vanaf de renaissance bezighielden met de werken van de rabbijnen. Deze geleerden beoogden een zo getrouw mogelijke weergave van de brontekst mogelijk te maken. In het Nieuwe Testament treft men gelijksoortige marginale noten aan met onder andere de aanduiding 'Gr.', gevolgd door een 'letterlijker' vertaling. Het aantal verwijzingen naar de brontekst is in het Nieuwe Testament relatief minder frequent dan in het Oude Testament. Een voorbeeld uit het Oude Testament (1 Koningen 10:13): 'And king Solomon gave unto the queen of Sheba all her desire, whatever she asked, beside that which Solomon gave her[5] of his royal bounty.' Noot 5 in de marge: 'Heb. *according to the hand of king Solomon.*' Een goed voorbeeld van de nauwgezette werkwijze van de vertalers van het Nieuwe Testament staat in de genealogie in verband met de geboorte van Jezus bij Matteüs (1:11): 'And[2] Josias begat Jechonias and his brethern, about the time they were carried away to Babylon.' Noot 2 in de marge: 'Some read, *Josias begat Jakim, and Jakim begat Jechonias.*' Het gaat hierbij duidelijk om een vertaling die gebaseerd is op een andere teksteditie.

De Statenvertaling had evenwel een compleet ander 'uiterlijk'. Aan ieder hoofdstuk ging wel een samenvatting vooraf zoals in de EAV, maar deze was uitgebreider dan de korte opsomming van de alinea's in de EAV. Het notenapparaat, veelal aangeduid met de term 'kanttekeningen', had wel eenzelfde uitgangspunt: het verwees frequent naar de brontekst. Maar het was veel gedetailleerder en verschafte meer alternatieve vertalingen. De noten stonden in een brede marge naast en vervolgens onderaan de pagina, omdat de marge onvoldoende ruimte bood voor alle kanttekeningen. Men wilde dus duidelijk verantwoording afleggen van de vertaling en de lezer informeren over de brontekst. Op de titelpagina staat uitdrukkelijk vermeld dat de vertaling op de bronteksten gebaseerd was en dat – mede in verband daarmee – informatie aan de lezer werd verschaft: 'Uyt de oorspronckelijcke talen in onse Nederlandsche tale getrouwelijck overgeset. Met nieuwe bijgevoegde Verklaringen op de duystere plaetsen, aanteeckeningen vande ghelijck-luydende Texten, ende nieuwe Registers over beyde de Testamenten.'

Als voorbeeld van een kanttekening moge die bij Job 3:8 dienen. Onder invloed van de rabbijnen hebben de Statenvertalers als het ware 'gesleuteld' aan het Hebreeuwse *liwjatan* en er *liwjatam* gelezen, dat 'hare rouw' zou moeten betekenen. In het Nederlands van de zeventiende eeuw wordt 'hare' voor 'hun' gebruikt. Deze interpretatie werd ook gevolgd door de EAV, hetgeen zeker van invloed zal zijn geweest op de weg die de Statenvertalers hebben ingeslagen. Traditioneel, zoals in de Vulgata Latina, werd dit woord weergegeven met 'Leviatan', als naam van een voorwereldlijk monster. De tekst van dit vers in het hooofdstuk waarin Job de dag van zijn geboorte vervloekt luidt in de Statenvertaling als volgt: 'Dat haer vervloecken de vervloeckers des daeghs/die bereyt zijn hare rouwe te verwecken.' De kanttekening bij het lemma 'rouwe' verschaft de volgende uitgebreide informatie:

> 'Het woort in den oorspronck schijnt te komen uyt de Syrische tale van het woord levijah, beteeckenende rouwe, leet, droefheyt. De rouwe nu te verwecken, is die met veelderley klaghte, gekerm, ende huylinge te vernieuwen. Andere behouden hier het woort Leviathan, verstaende daerdoor het zeegedierte/waar van onder 40.20. ende 41.1. ende door die bereyt zijn hem te verwecken, de stormwinden die de zee beroeren. Sommige setten het over/haer geselschap.'

De kanttekening verschaft drie verschillende interpretaties van het Hebreeuwse *liwjatan*: 'rouwe', de in de vertaling opgenomen uitleg, de traditionele interpretatie 'Leviatan' zoals in de Vulgata Latina en nog een derde, 'haer geselschap'. Het voert hier te ver om de beweegredenen van deze interpretaties nader te bekijken. Maar duidelijk is dat de vertaling met grote zorgvuldigheid tot stand is gekomen en dat de vertalers de lezer tevens gedetailleerd willen informeren. In de manuscriptversie van deze kanttekening stond 'walvisch' in plaats van 'zeegedierte', maar kennelijk achtte men dat al te precies.

De Statenvertalers ontlenen dit soort interpretaties onder andere aan de commentaren van de middeleeuwse rabbijnen die boven vermeld werden. Zij consulteerden met name de rabbijnenbijbel van Johannes Buxtorf, uitgegeven in Basel in 1618-1619. Zij troffen deze interpretatie aan in de commentaren van Abraham Ibn Ezra en Levi ben Gersjom die bij het boek Job waren opgenomen. Een vertaler als Johannes Bogerman, die in eerste instantie verantwoordelijk was voor de vertaling van het boek Job, voelde zich hierin gesteund door onder andere de weergave in de King James Bible. De Engelse vertaling volgde ook de rabbijnen. Men kan zich ook nog afvragen waarom de vertalers de rabbijnen volgden. Allereerst natuurlijk omdat zij van mening waren dat de rabbijnen het beste zicht hadden op de tekst vanwege hun joodse achtergrond en gedegen kennis van het Hebreeuws. Maar wellicht paste zo'n oermonster ook wel niet in hun theologische gedachtewereld. De interpretatie werd onder andere door EAV bij de revisie officieel verlaten. Momenteel wordt deze uitleg niet meer gevolgd.

De Statenvertalers hadden reeds tijdens het vertaalproces elkaar in hun manuscripten uitvoerig informatie verschaft over de door hen geconsulteerde bronnen. Deze manuscripten, waarvan er enkele bewaard zijn gebleven, bevatten namelijk naast de kanttekeningen ook notities waarin verwezen werd naar de geraadpleegde woordenboeken en commentaren van rabbijnen en christelijke hebraïsten en de teksten en vertalingen van de bijbel zelf. Hoewel zij de basis vormen voor de kanttekeningen, wordt er in de kanttekeningen zelf zelden naar bronnen verwezen en wordt met geen woord gerept over de commentaren van de rabbijnen. In de kanttekeningen wordt naast alternatieve vertalingen en een preciezere weergave van de brontekst onder andere historische en archeologische informatie ten behoeve van de gelovige lezer verschaft. Hoewel het niet de bedoeling was theologische stellingen te betrekken, gebeurde dit bij sommige dogmatisch gevoelige plaatsen toch als het ging om de te bestrijden remonstrantse en rooms-katholieke visies. Tevens blijkt uit het geheel dat de informatie afkomstig uit het jodendom geheel ten dienste staat van de christelijke vertaling. Het Oude Testament is volgens de Statenvertalers geen boek van joden, maar een boek dat een voorbereidende functie vervult ten aanzien van het Nieuwe Testament.

Het is duidelijk, gezien de omvang van de kanttekeningen, dat met zorg en precisie onderzoek werd gedaan naar de tekst. Het is frappant dat er in Engeland – vrij snel na de publicatie van de eerste druk - ook belangstelling voor de kanttekeningen bestond, met name bij theologen. Maar misschien ook niet echt verwonderlijk vanwege de summiere noten in de EAV. Zo werd reeds in 1657 op verzoek van The Assembly of Westminster Divines onder leiding van Theodore Haak, een in Engeland wonende Duitse geleerde, een Engelse vertaling van zowel de Nederlandse bijbelvertaling als de kanttekeningen in Londen uitgegeven.[2]

Nadat de officiële editie in 1637 verschenen was, werd er – na het corrigeren van de drukfouten en het wijzigen van de vertaling van sommige teksten – een officiële herziening in 1657 gepubliceerd. Deze versie vormt feitelijk de basis voor alle volgende herdrukken. Een veel latere interpretatieve herziening, zoals bij de EAV in 1885 het geval was, heeft nooit plaatsgevonden. Wel hebben – met name in de twintigste eeuw – verschillende commissies zich beziggehouden met aanpassing van de spelling en het woordgebruik.

Reeds aan het einde van de zeventiende eeuw is men de Statenvertaling met verkorte kanttekeningen gaan uitgeven en spoedig volgden uitgaven waarin de kanttekeningen ontbraken. Dit gebeurde vooral in de quarto- en octavo-uitgaven. Mede onder invloed van allerlei theologische meningsverschillen stelde men het meer op prijs om over een vertaling te beschikken waar men niet ingeperkt werd door kanttekeningen en zodoende over meer dan voldoende ruimte voor interpretatie kon beschikken. Het *sola scriptura* wordt zo heel strikt in de praktijk uitgevoerd, terwijl dit in feite tegen de bedoeling van de Synode van Dordt en de Statenvertalers was.

Terwijl van toen af in uitgaven van de Statenvertaling alle extra informatie en interpretatie ontbrak, zien we in Engeland bij de Oxford University Press, een van de officiële uitgevers van de EAV, uitgaven verschijnen zoals een in 1885 met allerlei informatie over recente archeologische vondsten, een complete atlas, een beschrijving van de politieke situatie in de eerste eeuw van onze jaartelling, etc. Typerend voor die periode van de bijbelwetenschappen is dat men in deze uitgave een precieze datering van alle gebeurtenissen in zowel Oude als Nieuwe Testament opnam in de marge. Zo staat bij Genesis 1 in de marge 'Before CHRIST 4004', en bij Matteüs 1:18 in verband met de geboorte van Jezus van Nazaret: 'The Fifth Year before the Common Account called Anno Domini.' Zulk soort uitgaven van de Statenvertaling waren voor de protestantse gemeenschappen in Nederland onmogelijk, terwijl men daarnaast wel allerlei pogingen ondernam andere vertalingen tot stand te brengen.

De Leidse Vertaling (1901-1912)[3]

Omdat niet iedereen in de negentiende en begin twintigste eeuw tevreden was over met name de taal, maar ook de interpretaties en de theologisch georiënteerde kanttekeningen van de Statenvertaling, kwamen in die periode verschillende nieuwe vertalingen tot stand. Een zeer belangrijke vertaling is die van Leidse professoren, later aangeduid als 'De Leidse Vertaling'. Het Oude Testament kwam gereed in 1901, het Nieuwe Testament volgde in 1912.

In de 'Algemeene inleiding' bij het Oude Testament, zo'n zeventien pagina's lang, wordt in eerste instantie uitdrukkelijk gesteld dat wij het bezit van het Oude Testament, 'een bundel veelsoortige geschriften', aan de joden te danken hebben. Uitvoerig wordt ingegaan op de betrouwbaarheid van de Hebreeuwse tekst: 'Daar het ons te doen is om het werk van de schrijvers zelven der bijbelboeken, zoover slechts eenigszins mogelijk, te leeren kennen, is het niet slechts geoorloofd, maar dure plicht, van alle middelen om den ons overgeleverden Hebreeuwschen tekst te verbeteren gebruik te maken. Het aanzien van den gewonen tekst, die schier onveranderd aan de meeste overzettingen in kerkelijk gebruik, ook aan de Statenvertaling ten grondslag ligt, mocht ons er niet van weerhouden, er nu van af te wijken en een gezuiverde tekst in onze vertolking weer te geven.' Hierin onderkent men het gemak waarmee men in die periode met conjecturen omging.

Opvallend is dat op de banden van de in twee delen verschenen editie van het Oude Testament in Hebreeuwse letters JHWH, met andere woorden het tetragrammaton, gevolgd door het ongevocaliseerde *'chd* (*'eechad*), het

Hebreeuwse woord voor 'één', staat weergegeven. Het gaat in feite om een citaat uit het *Sjema Jisra'eel* (Deuteronomium 6:4-8). De woorden staan verdeeld over de twee (stenen) tafelen binnen de zonnecirkel, omgeven door een stralenkrans. Wellicht zou men verwachten dat in de 'aanteekeningen' veelvuldig verwijzingen naar rabbijnse bronnen waren opgenomen. Maar daar is geen sprake van. Men treft er eerder aandacht voor de Septuaginta aan. Deze wordt ook geregeld gevolgd en in de aantekening wordt daar dan verantwoording van afgelegd door tevens de vertaling van de Hebreeuwse tekst te vermelden. Opvallend is dat het tetragrammaton gevocaliseerd als Jahwe in de vertaling wordt weergegeven. Voor het overige verschaften de vertalers in hun noten historische, geologische en archeologische informatie (zie bijvoorbeeld Job 28:9: '... Het gewone gesteente in Palestina is kalksteen, waartoe ook het marmer behoort.'). Als voorbeeld van een vertaling volgens de Septuaginta moge Job 28:21, waar het de wijsheid betreft, dienen:

Vertaling:	Zij is onttrokken aan het oog van al wat leeft, Verborgen voor de vogelen des hemels.
Aantekening:	Zij is onttrokken, volg. Gr. vert.; Hebr. t. *en zij zal onttrokken zijn.* – De vogelen worden afzonderlijk vermeld, als met de hoogste streken bekend.

In de kanttekening bij Job 3,8 ('Dat de dagvervloekers hem verwenschen,/ zij die de kunst verstaan het Gedrocht op te wekken!'), wordt uitvoerig ingegaan op 'het Gedrocht', de vertaling van het Hebreeuwse *liwjatan* ('Leviatan'). De bijbelplaatsen waar verschillende 'monsters' de revue passeren worden vermeld en er wordt uitdrukkelijk – in een periode waarin het zogenaamde 'panbabylonisme', de stroming om zoveel mogelijk van het Oude Testament in verband te brengen met de cultuur van Mesopotamië, sterk vertegenwoordigd was aan de universiteit van Leiden – verwezen naar de mythen van Babylonië: 'Daar op vele der aangehaalde plaatsen die monsters met de zee in verbinding worden gebracht (...), is zij wellicht een nagalm van de mythe die we bij de Babyloniërs aantreffen.' Bijna twintig regels worden aan dit 'Gedrocht' gewijd! Waarschijnlijk niet voor niets zo veel aandacht, daar men hier uitdrukkelijk afweek van de vertaling van de Statenbijbel die een rabbijnse interpretatie volgde.

De Nieuwe Vertaling van het Nederlands Bijbelgenootschap (1951)

In de 'Wetten van het Nederlands Bijbelgenootschap', vastgesteld tijdens de derde algemene vergadering van 2 en 3 juli 1817, bevat artikel 1 het volgende wezenlijke uitgangspunt, in navolging van The British and Foreign Bible Society: 'Het oogmerk van het Nederlandsche Bijbelgenootschap is, de verspreiding van den Bijbel, zonder aanteekeningen of uitleggingen, buiten en binnen 's lands te bevorderen.' Duidelijk is dat het Nederlands Bijbelgenootschap in de eerste plaats geen stelling wilde nemen in theologische discussies.

In 1939 verscheen evenwel de eerste uitgave van de *Nieuwe Vertaling*, voorzien van een 'Voorrede', waarin enige verantwoording van de vertaling werd afgelegd. Na de tweede druk van 1940 werd deze niet meer opgenomen, kennelijk omdat het niet conform de reglementen van het Nederlands Bijbelgenootschap was zoiets bij een vertaling te publiceren.

Nadat in 1978 het Nederlands Bijbelgenootschap het roer had omgegooid en in de statuten de mogelijkheid had opgenomen bijbels met aantekeningen en andere informatie uit te geven, ontstond er de mogelijkheid om ten behoeve daarvan te gaan samenwerken met de Katholieke Bijbelstichting en de Vlaamse zusterorganisaties. De voorbode van dit soort bijbeluitgaven was de *Groot Nieuws Bijbel*, waarvan de eerste druk in 1983 verscheen en een herziening in 1996, zonder aantekeningen evenwel, maar wel met inleidingen op de boeken en achter in de uitgave 'Aanvullende informatie', waaronder een verantwoording, een woordenlijst, een lijst van aanhalingen uit het Oude Testament in het Nieuwe Testament, een lijst van anders genummerde verzen, een overzicht van maanden, maten en gewichten, een tijdtafel en verschillende kaarten en plattegronden. Dit was dus een doorbraak, die vervolgens leidde tot de *Groot Nieuws Bijbel met aantekeningen* in 1998. Nadat oorspronkelijk de eerste editie van de *Nieuwe Bijbelvertaling* in 2004 met slechts summiere noten ten behoeve van de verantwoording van de vertaling was uitgegeven, verscheen in 2008 de *NBV Studiebijbel*, waarbij de Katholieke Bijbelstichting het voortouw had genomen. Deze studie-editie is een rijke bron van informatie.

---

1 Voor de in dit artikel opgenomen informatie over de Statenbijbel zij verwezen naar C.M.L. Verdegaal, *De Statenbijbel en de rabbijnen.*

2 Zie T.H. Darlow and F. Moule, Volume I, 213-214 (nummer 518).

3 In verband met de Leidse Vertaling en de NBG-1951 zij tevens verwezen naar de verschillende publicaties van A.J. van den Berg. Hem dank ik in het bijzonder voor de mondelinge aanwijzingen in verband met het uitgangspunt van het Nederlands Bijbelgenootschap om geen noten en andere informatie in de bijbeluitgaven van dit genootschap op te nemen.

Literatuur

A.J. van den Berg, 'De Voorrede', in: *Met Andere Woorden* (Themanummer over de Nieuwe Vertaling uit 1951) 20 (2001/4), 11-16.

A.J. van den Berg, 'De synodale, Leidse en Utrechtse Vertaling', in: *Met Andere Woorden* 21 (2002/3), 2-9.

A.J. van den Berg, *Vertaald verleden. Beknopte geschiedenis van bijbelvertalen in Nederland.* Heerenveen, Uitgeverij NBG, 2006 (Eerste druk 2001; tweede herziene en uitgebreide druk 2006).

T.H. Darlow, F. Moule, *Historical Catalogue of the Printed Editions of Holy Scripture in the Library of The British and Foreign Bible Society,* London: The British and Foreign Bible Society, 1903-1911 (In two volumes, Volume I – English).

E. Dekker, J. Knoop, C.M.L. Verdegaal, *The Auction Catalogue of the Library of F. Gomarus. A facsimile edition with an introduction and indexes* (Catalogi Redivivi X), 't Goy-Houten (Utrecht): Hes Publishers, 1996.

August den Hollander, *Verboden bijbels. Bijbelcensuur in de Nederlanden in de eerste helft van de zestiende eeuw,* Amsterdam: Vossiuspers UvA, 2003.

A.W.G. Jaakke en E.W. Tuinstra (red.), *Om een verstaanbare bijbel. Nederlandse bijbelvertalingen na de Statenbijbel,* Haarlem/Brussel, 1990.

C.M.L. Verdegaal, *De Statenbijbel en de rabbijnen. Een onderzoek naar de betekenis van de rabbijnse traditie voor de vertaling van het boek Job,* Tilburg: Tilburg University Press, 1998.

Dr. C.M.L. Verdegaal is oriëntalist en theoloog. Hij is voorzitter van het Bijbels Werkgenootschap St. Hiëronymus. Hij werkte als hebraicus mee aan de Groot Nieuws Bijbel (1983) en de Nieuwe Bijbelvertaling (2004). Aan Fontys Hogeschool Theologie Levensbeschouwing te Tilburg doceert hij Bijbelwetenschappen en Jodendom. Publiceert onder andere op het gebied van Noord-Nederlandse Hebreeuwse drukken.

Katholieke bijbellezers tussen emancipatie en secularisatie

Annotaties en commentaren in de Petrus Canisiusbijbel 1948 en de Willibrordvertalingen 1978 en 1995

Patrick Chatelion Counet

'We zien in de geschiedenis van de kerk dat een ontkenning van Jesus' maagdelijke geboorte als vanzelf tot de ontkenning van Jesus' goddelijk Zoonschap heeft geleid', aldus een aantekening in de Petrus Canisiusbijbel bij Lucas 1:35. De Willibrordvertaling 1978 onthoudt zich van een dergelijk historisch evaluerend commentaar en geeft hiervoor in de plaats verschillende betekenissen van de term 'Zoon van God', informatief enerzijds ('... in het Oude Testament wordt hiermee aangegeven dat iemand op bijzondere wijze door God bemind wordt'), maar niet zonder gelovig perspectief anderzijds ('... de titel laat alle ruimte open voor de hogere zin, het natuurlijke Zoonschap Gods'). De Willibrordvertaling 1995 spreekt zich niet uit over maagdelijke geboorte, noch over het Zoonschap Gods, maar volstaat met een uitleg van de term 'overdekken' van Maria door de Heilige Geest.

Wie de annotaties en inleidingen van de drie rooms-katholieke bijbelvertalingen van de twintigste eeuw vergelijkt, ontdekt opmerkelijke verschillen. De vraag die we ons in deze bijdrage stellen is hoe deze verschillen te verklaren zijn, wat ze ons vertellen over de voorstelling die de vertalers en commentatoren zich maakten van hun lezerspubliek en over hun opvatting van de betekenis van de Bijbel in de Nederlandse cultuur. Voor een antwoord op deze vraag nemen we een aanloop in de geschiedenis van het ontstaan van rooms-katholieke bijbelvertalingen.

De weg naar de Petrus Canisiusbijbel en Willibrordvertaling

De rooms-katholieke kerk heeft het lezen en bestuderen van de Bijbel door lekengelovigen nooit sterk bevorderd. Terwijl in protestantse kringen sedert de Reformatie gold dat de gelovige zelf het Woord van God moest bestuderen – resulterend in een uitstekend onderwijssysteem waarbij ook meisjes werden aangemoedigd te studeren – voerde Rome vanaf het Concilie van Trente (1545-1563) een ontmoedigingsbeleid. Paus Paulus IV verbood in 1559 het drukken, kopen of lezen van de Bijbel in de volkstaal. Men had daar slechte ervaringen mee, eerst de Katharen en de Waldenzen, nu Lutheranen, Calvinisten en andere hervormingsgezinde ketters. Dat het Rome ernst was, blijkt uit de terdoodveroordeling (en terechtstelling door onthoofding) van Jacob van Liesveldt die in 1542 een bijbel in de volkstaal had uitgegeven met commentaar van Luther. Dit verhinderde overigens niet de totstandkoming van de *Leuvense Bijbel* in de vertaling van Nicolaes van Winghe, reeds in 1548, waarin katholieken mochten lezen mits zij dispensatie hadden van de Romeinse Inquisitie. De Leuvense Bijbel zou onder de naam *Moerentorfbijbel* (naar de Antwerpse drukker Jan Moerentorf die in 1599 een herziene versie uitgaf) tot ver in de negentiende eeuw de katholieke tegenhanger van de Statenvertaling zijn; de Tale Kanaäns in evenwicht gebracht door het Leuvens dialect.

Naast de Moerentorfbijbel konden katholieken ook lectionaria of perikopenboeken lezen die reeds vanaf de dertiende eeuw de lezingen van het Missaal in vertaling aanboden. Rond 1720 verscheen 'De epistelen en Evangeliën, met de collecte, secrete en naer-communie gebeden, die het gehele Jaer onder den Dienst der H. Misse gelezen worden' dat tot ver in de negentiende eeuw populair was. Deze en latere perikopenboeken zijn alle vertaald naar het Latijn van de Vulgaat. In 1938 verschijnt het perikopenboek 'Epistels en Evangeliën volgens het Romeinsch Missaal' van de hand van de seminarieprofessoren G. Hartman, P. van Grinsven en B. Alfrink dat voor het eerst vanuit 'een voortdurende vergelijking met de oorspronkelijke grondtekst' is vertaald. Het vormt het laatste zelfstandige perikopenboek – de latere lectionaria zijn geen zelfstandige vertalingen maar putten uit bestaande vertalingen.

Andere deelvertalingen van de Bijbel vinden we in de pogingen van de franciscaan W. Smits die zijn streven het Oude Testament in het 'Belgisch' te vertalen met de eretitel 'Belgicus Hiëronymus' bekroond zag, en zijn ordegenoot P. van Hove die na Smits dood in 1770 diens werk voorzette – zij slaagden er niet in de volledige Bijbel te vertalen en vonden nauwelijks lezers voor hun werk. Tussen 1859 en 1869 publiceert de katholiek geworden joodse advocaat S.P. Lipman een vertaling van de evangeliën, Handelingen en de brieven van Paulus naar het Latijn van de Vulgaat. Ook naar de Vulgaat is de vertaling van de redemptorist J.Th. Beelen wiens werk, tot stand gekomen tussen 1859 en 1896, invloed had op de Brugse uitgave 'Het Oude

Testament in het Vlaams vertaald' (1896-1897) en op de zogeheten *professorenbijbel* uit 1904, een zevendelige uitgave van seminarieprofessoren uit het bisdom Utrecht, 'De Heilige Boeken van het Oude Verbond' (tweetalig, Latijn-Nederlands, en becommentarieerd), die zeer populair werd in zowel Vlaanderen als Nederland.

Het ontmoedigingsbeleid van Rome nam zeer geleidelijk in kracht af. In 1564 verleende Pius IV ook bisschoppen het recht dispensatie te verlenen zodat leesgierige katholieken niet meer voor elke nieuwe aanschaf naar Rome hoefden te reizen. Paus Benedictus XIV schiep in 1757 nog meer ruimte; als Rome een vertaling in een volkstaal eenmaal had goedgekeurd, hoefde hiervoor geen leesdispensatie te worden aangevraagd. Toch vond pas in 1893 een eerste aanmoediging tot het lezen van de Bijbel plaats. Zij het ook weer niet voor alle gelovigen. In zijn encycliek *Providentissimus deus* spoort Leo XIII katholieke 'geleerden' aan tot een wetenschappelijke bestudering van de Bijbel: 'De kerk heeft bepaald, niet enkel, dat een groot deel van die Boeken door al haar bedienaren gelezen en godvruchtig overwogen moet worden in het dagelijks officie, maar bovendien, dat er door bekwame mannen uitleg en verklaring van gegeven moet worden in de kathedrale kerken, in de kloosters der monniksorden en in de huizen van andere regulieren, waar de beoefening van de wetenschappen gemakkelijk is'(art. 13). Deze beide beperkingen – lezing door bepaalde ('bekwame') mannen op bepaalde (openbare) plaatsen – stellen de zelfvoldane conclusie van de encycliek in een ander licht: '... de Kerk is nooit ook maar enigszins te kort gebleven in haar zorg om haar kinderen tot hun geestelijk voordeel van de bronnen der goddelijke Schrift te laten genieten' (art. 24). In zijn encycliek *Spiritus Paraclitus* uit 1920 moedigt Benedictus XV – naar het voorbeeld van Hiëronymus die zelfs vrouwen tot dagelijkse lezing van de Bijbel opriep – ook 'gewone' gelovigen aan de Bijbel te bestuderen, namelijk met als doel 'spirituele perfectie', 'apologie' en 'prediking' (art. 47-49) en overeenkomstig richtlijnen die aandringen op letterlijke (historische) lezingen boven metaforische, en altijd met inachtneming van het kerkelijk leergezag (art. 50-55).

Geïnspireerd door de encycliek van Leo XIII begonnen enkele 'bekwame' mannen die in het jaar 1904 de Apologetische Vereniging Petrus Canisius hadden opgericht, aan de voorbereiding van een Nederlandse vertaling van de Bijbel uit de Hebreeuwse, Aramese en Griekse grondteksten. De Vereniging bezorgde in 1906 een vertaling van de evangeliën en het boek Handelingen, het zogenaamde *Canisiusbijbeltje*. In 1929 voltooide men de vertaling van het Nieuwe Testament, tien jaar later die van het Oude Testament. In 1948 verschenen beide delen in een tweede druk in één band, de *Petrus Canisiusbijbel*, de eerste rooms-katholieke bijbelvertaling uit de grondteksten in het Nederlands.

Al gauw ontstond er kritiek zowel naar de aard van de vertaling die haar oren meer naar de Septuagint dan de Hebreeuwse Bijbel had laten hangen, als ook naar de noten en de aantekeningen die weinig zakelijk maar apologetisch en stichtelijk werden bevonden. Hoewel de Petrus Canisiusbijbel nog tot 1975 zijn diensten zou bewijzen werd reeds in 1947 begonnen met een nieuwe vertaling. In 1961 publiceerde de Katholieke Bijbelstichting (KBS) de *Willibrordvertaling* van het Nieuwe Testament die voortkwam uit het werkgenootschap Sint Hiëronymus, een (toen nog) clericale club van Nederlandse bijbelgeleerden. Onder auspiciën van de Willibrordvereniging en ondersteund door de KBS togen verscheidene vertaalcommissies aan het werk voor de vertaling van het Oude Testament uit de grondteksten die in 1972 werd opgenomen in een integrale Willibrordvertaling. In 1975 werd de vertaling van de Psalmen vervangen door een van de vertaalcommissies onafhankelijk tot stand gekomen vertaling van Ida Gerhardt en Marie van der Zeyde, die buiten de leden van de commissies algemeen werd toegejuicht. In 1978 verscheen een, licht gereviseerde, derde druk van de Willibrordvertaling. In 1987 verscheen bij gelegenheid van het 25-jarig bestaan van de KBS een nieuwe vertaling van de evangeliën en Handelingen, die stilistisch en exegetisch aan de eigen tijd wilde beantwoorden. Deze vrucht van Vlaams-Nederlandse en voor het eerst ook oecumenische samenwerking werd opgenomen in de Willibrordvertaling 1995, een gezamenlijke uitgave van de KBS en de Vlaamse Bijbelstichting, waarbij ook de andere boeken van de Bijbel opnieuw werden vertaald (die van het Oude Testament werd 'licht gereviseerd)', waartoe onder andere de psalmenvertaling van Gerhardt en Van der Zeyde moest wijken. In 2004 verleende de KBS haar medewerking aan het 'interconfessionele' project van de *Nieuwe Bijbelvertaling* die in 2008 onder de titel *NBV Studiebijbel* verscheen met noten, illustraties, annotaties en informatieve kaderartikelen.

Verantwoording en inleidingen

Wie heden ten dage een bijbel opslaat, wordt overvallen door voorwoorden, inleidingen, kopjes en titels waarvan soms niet meer duidelijk is of zij tot de bijbeltekst zelf behoren of van de hand van een commentator zijn ('Psalm 69: 'Voor muziekbegeleiding; op de wijze 'De Leliën'. Van David"). Om tot de eigenlijke bijbeltekst door te dringen moet men door soms wel acht lagen lezen:

Petrus Canisiusbijbel 1948	**Willibrordvertaling 1975/1978**	**Willibrordvertaling 1995**
1. Voorwoord Johannes Kardinaal de Jong	1. Ten geleide Bernardus Kardinaal Alfrink en Leo Jozef Kardinaal Suenens	1. Aanbeveling Adrianus Kardinaal Simonis en Godfried Kardinaal Danneels
2. Inhoudstabel van de bijbel	2. Inhoudstabel van de bijbel	2. Inhoudstabel van de bijbel
3. Lectori Salutem De bewerkers	3. Verantwoording KBS	3. Ten geleide Hans van Munster o.f.m. (voorzitter KBS)
4. Inleiding op het boek Genesis	4. Wenken voor de lezer	4. Verantwoording Uitgever
5. Tekst van Genesis met toegevoegde titels, perikoopopschriften en annotaties	5. Lijst van afkortingen en tekens	5. Lijst van afkortingen en tekens
	6. Inleiding op de Pentateuch	6. Inleiding op de Bijbel
	7. Tekst van Genesis zonder titels, met perikoopopschriften en annotaties	7. Inleiding op het boek Genesis
		8. Tekst van Genesis zonder titels, met perikoopopschriften en annotaties

In zijn *Voorwoord* op de Petrus Canisiusbijbel van 1948 (p. VII-VIII) wijst kardinaal De Jong op het tweeledig belang van Bijbeluitgaven, voor de liturgie en het persoonlijk gebed: 'De liturgie van de kerk onderricht en bidt, zij mediteert en looft en prijst en smeekt met de Schriftuur in de hand.' Daarbij 'heeft de kerk vanaf de oudste tijden haar gelovigen geleerd te bidden met de gedachten en de woorden van de H. Schrift'. Voorbijgaand aan het eeuwenlange ontmoedigingsbeleid van de rooms-katholieke kerk constateert De Jong dat 'de Kerk steeds geijverd heeft om de H. Schrift onder de gelovigen te verspreiden'. Dat de ontmoediging nog niet geheel van de baan is, blijkt uit de aansluiting bij *Divino afflante spiritu* van Pius XII die het lezen tot 'vooral de evangeliën' wilde beperken – het verstaan van het Oude Testament vereist volgens De Jong een 'geestelijke rijpheid'; een kwaliteit die verder niet wordt toegelicht. De aanbevolen lezing is de 'sacra lectio', waarbij het 'niet om te weten, maar om te leren' gaat.

Men kan uit het *Voorwoord* van De Jong afleiden dat de kerk er aan moest wennen dat de (Nederlandse) katholiek de Bijbel zelfstandig ter hand ging nemen, een gebeurtenis die begeleid en van de nodige waarschuwingen voorzien moest worden: 'Hij [de lezer]... zal voortdurend nodig hebben de komst van den Heiligen Geest.'

Het *Lectori salutem* (p. XV-XVI) van 'De Bewerkers' van de Petrus Canisiusbijbel – waarschijnlijk van de hand van de dominicaan en oudtestamenticus R. Jansen, eindverantwoordelijke voor het vertaalproject – benadrukt 'het goddelijk karakter der H. Schrift... door den H. Geest ingegeven'. Na een overweging betreffende de voorkeur van een vertaling uit de grondteksten boven de Latijnse tekst ('die zelf reeds een vertaling is') volgt een opmerking over de aantekeningen: '[omdat de H. Schrift boven alles] een godsdienstig boek is worden in de *aantekeningen* die Bijbelteksten verklaard welke op godsdienstig en zedelijk gebied... moeilijkheden kunnen brengen... of duister kunnen schijnen.' Het doel van de vertaling is volgens de bewerkers 'de meer ontwikkelde katholieken Gods Woord in hun moedertaal aanbieden, toenadering bevorderen tot andersdenkende broeders en God dankbaarheid brengen'.

Nog steeds niet, zo kan men concluderen, beveelt men de studie van de H. Schrift *alle* katholieken aan, doch slechts 'de ontwikkelden'. Maatschappelijk mocht de emancipatie van katholieken door een eigen universiteit, een eigen politiek kader en een zelfbewuste aanwezigheid in de media een feit zijn, intern hield men het nog steeds op de aanbeveling van *Providentissimus deus* uit 1893 die bijbelstudie voorbehield aan 'bekwame mannen'.

In hun *Ten geleide* (p. V-VI) bij de verschijning van de Willibrordvertaling 1975/1978 zoeken kardinaal Alfrink en kardinaal Suenens het belang van een bijbelvertaling in de eenheid van liturgie en Schriftlezing. Daarnaast wijzen zij op het belang dat gelovigen 'van en met dit Woord Gods leven'. Zij halen de woorden van Johannes XXIII aan die gelovigen opriep '[zich] met de geïnspireerde teksten zo goed mogelijk vertrouwd te maken. (...) Laten wij de Bijbel nemen als gids voor ons leven'. Hier spreekt de onbevangenheid van het Tweede Vaticaans Concilie om katholieken vrije toegang tot de Schrift te geven.

De *Verantwoording* (p. XI-XIII) van de Willibrordvertaling 1978 van de hand van de 'Katholieke Bijbelstichting' kenmerkt zich door een omstandige verklaring. deels verontschuldiging, voor de vertaling. 'De vertalers weten dat hun veel te verwijten valt', meldt de KBS, daarmee niet alleen op de inhoud doelend (soms te vrij, soms te letterlijk), maar ook op de lange tijdsduur en het verbrokkelde 'moeizame' vertaalwerk. Een en ander leidt tot het besef dat 'ook de nieuwe vertaling zelf niet definitief kan zijn'. Krachtiger is een opvolger zelden aangeprezen. Over de aantekeningen en voetnoten wordt opgemerkt dat zij van de 'nieuwere inzichten' getuigen en ondersteunend bedoeld zijn: 'er wordt niet voor de lezer gelezen'. Een belangrijk verschil met de Petrus Canisiusbijbel: men is niet langer beducht voor niet ontwikkelde lezers.

Dit blijkt ook uit *Wenken voor de lezer* (p. XIV-XV) die louter informatief zijn behoudens de opmerking dat de Bijbel een 'moeilijk boek' is omdat veel mensen 'weinig leescultuur' bezitten. Daarom wordt de lezer 'in geval van nood' verwezen, niet naar een bisschop of geestelijk leidsman, maar naar de inleidingen en aanhangsels bij de teksten. Ziehier de emancipatie van de lezer.

In de Willibrordvertlaing 1995 is een korte *Aanbeveling* (p. 5) opgenomen van kardinaal Simonis en kardinaal Danneels. Zij wijzen erop dat 'het Woord van God... een onvergankelijke levenswijsheid en eindeloze bron van troost is'.

Het *Ten geleide* (p. 11-12) is van de hand van de franciscaan Hans van Munster, voorzitter van de KBS, die onder verwijzing naar een document van de Pauselijke Bijbelcommissie uit 1994 op de belangrijke rol van de vertaler wijst: 'Enerzijds zijn de in de Bijbel verhaalde gebeurtenissen geïnterpreteerde gebeurtenissen. Anderzijds speelt in de exegese van de verhalen over deze gebeurtenissen steeds noodzakelijkerwijs de eigen subjectiviteit van de exegeet mee.' Vervolgens sluit Munster aan bij Jozef kardinaal Ratzinger die het 'Voorwoord' bij dit document schreef en wijst op de taak van lezers zich te verplaatsen in de 'beoogde lezer' die door de Bijbeltekst wordt verondersteld en voortgebracht en die in staat is 'het verhaal binnen te treden en erop te reageren op de wijze die de werkelijke schrijver bedoelde'. Tegenover de verondersteld ontwikkelde lezer van kardinaal De Jong en de meer zelfstandig opererende lezer van de Willibrordvertaling 1978 zet men hier een stap in de richting van de geïndividualiseerde lezer. Terwijl de oorspronkelijke bijbelschrijvers misschien wel een lezerscollectief voor ogen stond, wordt van de tegenwoordige lezer verwacht dat hij of zij persoonlijk in staat is de beoogde intentie van de tekst te achterhalen. Wederom met een verwijzing naar Ratzinger wordt de bedoeling van de inleidingen en aantekeningen van de Willibrordvertaling 1995 aangegeven: '... in de H. Schrift zijn het mensenwoord en het goddelijk woord met elkaar vervlochten... het in stand houden van het verband tussen profane en sacrale... taal is de belangrijkste taak.'

In de *Verantwoording* (p. 13-16) wijst 'de uitgever' op het totstandkomingsproces van de Willibrordvertaling 1995. De vele revisies komen tegemoet aan het zelfverwijt van de Willibrordvertaling 1978 voor het 'moeizame vertaalwerk'. De Willibrordvertaling 1995 neemt een aantal feilen van de vorige vertaling weg, zoals de onnodige verschillen in de vertaling van parallelle teksten, beleefdheids- en aanspreekvormen en het gebruik van de Godsnaam 'Jahweh'. Ten slotte is om de stijl van de Willibrordvertaling te congrueren de Psalmvertaling van Gerhardt en Van der Zeyde vervangen. Doelgroep is niet enkel de katholiek of zelfs maar de gelovige, maar 'ieder die Nederlands spreekt in Nederland en Vlaanderen'.

Zo toont zich in opzet, motivatie en verantwoording van de vertalingen en annotaties van de Willibrordvertaling 1995 de tijdgeest van individualisering en secularisering. Enerzijds wordt de lezer geacht de hermeneutische afstand tussen werkelijke en beoogde lezer te overbruggen teneinde de religieuze bedoeling van de oorspronkelijke schrijvers te begrijpen, anderzijds wordt hij geacht *in* de Bijbel te kunnen onderscheiden tussen profane en sacrale taal zoals hij ook in het dagelijks leven onderscheid maakt tussen heilige en seculiere zaken.

In terugblik ziet men hoe het eeuwenlange ontmoedigingsbeleid van de rooms-katholieke kerk ook in Nederland aanvankelijk schoorvoetend werd losgelaten. De Petrus Canisiusbijbel adviseerde ontwikkelde lezers hun bijbellezing (van studie sprak men niet) tot het Nieuwe Testament te beperken; de lezing diende ter ondersteuning van het gebedsleven. De Willibrordvertaling 1978 ging onder invloed van Vaticanum II uit van een geëmancipeerde lezer die de Bijbel als gids voor het leven neemt. Een ontwikkeling die voortgezet werd in de Willibrordvertaling 1995 die een onverwacht hoge hoed op heeft van lezers, hen in staat acht te kunnen onderscheiden tussen werkelijke en beoogde lezers en tussen verschillende soorten taal. De lezer die in 1948 nog aan de hand genomen werd en 'de komst van den Heiligen Geest' nodig had (hij moest immers willen 'leren' in plaats van 'weten'), had anno 1995 een haast wetenschappelijke status verworven van wie hermeneutisch veel verwacht werd maar die men desondanks niet wilde belasten 'met leerstellige standpunten en vooronderstellingen'. Behalve geëmancipeerd en geïndividualiseerd leek de lezer hiermee ook geseculariseerd. Of de annotators en inleiders van de Willibrordvertaling 1995 'de werkelijke lezer' hiermee recht deden, is de vraag.

Annotaties en commentaar

Hoe manifesteren de verschillen in opzet, motivatie en verantwoording van de Petrus Canisusbijbel en de Willibrordvertalingen van 1978 en 1995 zich in het commentaar en de annotaties van deze bijbelvertalingen?

Het gaat in de commentaren van minder naar meer. Terwijl de Petrus Canisiusbijbel volstaat met een inleiding op 'Genesis', opent de Willibrordvertaling 1978 met een inleiding op de 'Pentateuch', en de Willibrordvertaling 1995 met een inleiding op de 'Bijbel'.

De Petrus Canisiusbijbel verdedigt het 'in de laatste eeuw bestreden auteurschap' van Mozes en stelt dat het doel van Genesis niet is het beschrijven van een historische waarheid maar van 'godsdienstige en zedelijke waarheden'.

De Willibrordvertaling 1978 geeft in haar inleiding op de Pentateuch het auteurschap van Mozes op ten behoeve van de jahwistische, elohistische, deuteronomistische en priesterlijke traditie. In plaats van een dichotomie tussen 'historische' en 'godsdienstige' waarheden benadrukt de inleider de diverse genres van de Pentateuch die volksverhalen, wetten, verbondsteksten, zedelijke, liturgische, (heils-)historische en andersoortige teksten omvat. Advies is om de teksten in een 'dubbel perspectief' te lezen, vanuit de positie van een vrome Israëliet, en als christen. Tenslotte wordt op een typologisch kenmerk gewezen: de christelijke kerk ziet in het Oude Verbond een voorafbeelding van nieuwtestamentische werkelijkheden.

De Willibrordvertaling 1995 neemt in zijn inleiding op de Bijbel een ietwat verdedigende positie in door over de patriarchale structuur van de teksten, het bezit van slaven en semi-nomadische samenleving te spreken als 'een cultuurgebonden verwoording van de ervaringen van mensen met God'. Behalve een boek waarin God spreekt met mensen, is de Bijbel ook een boek waarin 'mensen over en tot God spreken'.

In de inleiding op het Nieuwe Testament worden door de Willibrordvertaling 1978 en Willibrordvertaling 1995 het synoptische probleem en de tweebronnentheorie besproken die in de Petrus Canisiusbijbel niet aan bod komen. De Petrus Canisiusbijbel houdt behalve voor Johannes vast aan een ontstaan van de evangeliën vóór het jaar 70 waardoor 'de historische betrouwbaarheid vaststaat'.

Waar de Petrus Canisiusbijbel consequent het (rooms-katholieke) binnenperspectief hanteert, de Willibrordvertaling 1978 een tussenpositie inneemt door een 'dubbelperspectief' aan te bevelen, probeert de Willibrordvertaling 1995 zoveel mogelijk een (onafhankelijk) buitenperspectief in te nemen. Opgemerkt moet worden dat veel annotaties in de Willibrordvertaling 1995 overgenomen zijn uit de Willibrordvertaling 1978. Waar aantekeningen aangepast of vervangen zijn, is de toon afstandelijker en het perspectief meer dat van een beschrijvende buitenstaander geworden. Deze tendens van een consequent doorgevoerd buitenperspectief komt tot volle wasdom in het commentaar op de *Nieuwe Bijbelvertaling 2004* (de *NBV Studiebijbel 2008*) dat zich in zijn katernen, inleidingen en annotaties tot informatieverschaffing en kennisoverdracht beperkt waarbij de beoogde lezer niet een gelovige christen is, maar een lezer die zich, al dan niet geseculariseerd, objectief wil oriënteren. Deze overgang van binnen- naar buitenperspectief, van de (verondersteld ontwikkelde) katholieke lezer van de Petrus Canisiusbijbel naar de lezer van de Willibrordvertaling 1995 die niet meer automatisch een christen is, zullen we met enkele willekeurige voorbeelden illustreren.

De Petrus Canisiusbijbel bespreekt het zogeheten 'proto-evangelie' in Genesis 3,15 – over het 'kroost van de vrouw' dat de kop van de slang zal verpletteren – door te benadrukken dat 'de voorspelling vervuld is door Christus' en dat Eva de voorafbeelding is van 'de Heilige Maria, de moeder van de Messias'. De commentator van de Willibrordvertaling 1978 maakt deze identificatie niet, maar verwijst naar 'de kerkvaders die het woord 'kroost' toepasten op de Messias; spontaan is men zo onder 'vrouw' Maria gaan verstaan'. 'Maria' vervangt de 'heilige Maria', 'men' vervangt het christelijke 'wij'. De Willibrordvertaling 1995 heeft op Genesis 3,15 geen commentaar.

De belofte van Natan in 2 Samuel 7 wordt in de Petrus Canisiusbijbel uitgelegd als profetie van de messias. De Willibrordvertaling 1978 voorziet de lezer hier van een staaltje exegetisch-wetenschappelijk commentaar – dat door de Willibrordvertaling 1995 wordt overgenomen – over het al dan niet oorspronkelijke karakter van bepaalde verzen waardoor een vermoeden van de bedoeling van de joodse auteur ontstaat. Het verband dat nieuwtestamentische auteurs met Jezus Christus hebben gelegd mag de lezer zelf bepalen vanuit dwarsverwijzingen in de marge.

Het commentaar van de Petrus Canisiusbijbel bij de Proloog van het evangelie van Johannes 1,1-18 vermeldt dat 'het mensgeworden Woord voor ons de bron is van genade en waarheid: Jesus heeft aan alle christenen nieuwe genaden bereid, en nieuwe, hogere waarheden geleerd, oneindig ver verheven boven hetgeen het Oude Verbond kon verschaffen; niemand anders, ook Moses niet, kon ze ons meedelen'. De Willibrordvertaling 1978 biedt vergelijkingen aan met het Oude Testament dat eveneens 'het idee van het woord van God kende' en met de *logos* van de Grieken. De Willibrordvertaling 1995 merkt nogal historiserend op dat 'christenen niet alleen Jezus' boodschap 'woord van God' noemden, maar ook vanwege de nauwe band van deze boodschap met zijn persoon, Hemzelf het 'woord' (van God) zijn gaan noemen'.

Bij Romeinen 3,25 waar Paulus over Christus' dood als 'zoenoffer' spreekt, merkt de Petrus Canisiusbijbel op dat 'God in het verlossingswerk zijn rechtvaardigheid toont door het Bloed van zijn Zoon te eisen als voldoening voor de zonden'. De Willibrordvertaling 1978 beperkt zich tot een uitleg van de term *zoenoffer* ('middel tot verzoening'), terwijl de Willibrordvertaling 1995 volstaat met verwijzingen naar de Hebreeënbrief en de Eerste Johannesbrief – de lezer mag door middel van een intertekstuele analyse zelf uitmaken wat de bedoeling kan zijn.

Bij wijze van conclusie kunnen we vaststellen dat naast het ontbreken van historisch-kritische inzichten, of het aanvaarden daarvan, de Petrus Canisiusbijbel zich tegenover de latere vertalingen vooral kenmerkt door het hanteren van een consequent (christelijk) binnenperspectief. De Willibrordvertaling 1978 daagt de lezer uit om zich zo nu en dan in een ander gelovig standpunt te verplaatsen (bijvoorbeeld van een vrome Israëliet of objectieve buitenstaander), terwijl de Willibrordvertaling 1995 'leerstellige standpunten en vooronderstellingen' vermijdt die zij, indien deze toch ergens ter sprake moeten worden gebracht, vanuit een zo afstandelijk mogelijk buitenperspectief probeert te benaderen.

De lezer die de Petrus Canisiusbijbel op het oog heeft is een ontwikkelde christen die de waarschuwingen van de commentatoren voor wetenschappelijke, vooral exegetische, vrijzinnigheid en nieuwlichterij op hun waarde kan schatten. De door de Willibrordvertaling 1978 beoogde lezers komen uit alle lagen van de bevolking, worden voor vol aangezien in die zin dat ze in staat worden geacht eigen keuzes te maken en van perspectief te kunnen wisselen (bijvoorbeeld van een gelovig naar een andersgelovig en zelfs naar een buitenstaandersperspectief). De door de Willibrordvertaling 1995 beoogde lezer is een lezer die midden in een seculariserende wereld staat, niet vanzelfsprekend christen is, en geacht wordt zo niet deel te nemen aan dan toch minstens kennis en begrip te kunnen verwerven van theologische en exegetische debatten waarnaar desondanks – omdat men de lezer niet wil belasten met 'leerstelligheid' – slechts marginaal verwezen wordt.

Zo kan men vaststellen dat in het commentaar van de katholieke bijbelvertalingen tussen 1948 en 1995 emancipatie en secularisatie van de lezer bijna hand in hand gaan. Dit dient men, omdat emancipatie niet noodzakelijk tot secularisatie leidt, als een feitelijke en niet als een oorzakelijke constatering te beschouwen.

Literatuur

Leen den Besten, *Het uitgelezen boek. De bijbel in Nederland*, Zoetermeer 2005.
A.W.G. Jaakke/E.W. Tuinstra, *Om een verstaanbare bijbel. Nederlandse bijbelvertalingen na de Statenbijbel*, Haarlem-Brussel 1990.

Prof. dr. mr. P.J.E. Chatelion Counet is nieuwtestamenticus en bijzonder hoogleraar Bijbel in de Nederlandse cultuur aan de Universiteit van Amsterdam.

Als de tekst niet voor zich spreekt…

Noten, aantekeningen en andere toevoegingen in De Nieuwe Bijbelvertaling

Peter Booij

Inleiding

Aan het eind van de vorige en in het begin van deze eeuw zagen twee moderne en volledige Nederlandse bijbelvertalingen het licht. Ze waren elk op hun eigen wijze het resultaat van de gezamenlijke inspanningen van het Nederlands Bijbelgenootschap (NBG) en de Katholieke Bijbelstichting (KBS), in samenwerking met hun Belgische zusterorganisaties. Dat alleen al maakte ze anders dan de eerder in dit boek besproken protestants-christelijke en rooms-katholieke vertalingen.

Het ging om de *Groot Nieuws Bijbel* (GNB, 1983) en *De Nieuwe Bijbelvertaling* (NBV, 2004). Rooms-katholieke vertalingen waren altijd al voorzien van aantekeningen, vaak van theologische aard. Maar vele nationale bijbelgenootschappen hadden in navolging van de British and Foreign Bible Society in de loop van de negentiende eeuw besloten de Bijbel in vertaling te verspreiden 'without further note or comment', 'zonder aanteekeningen of uitleggingen' (statuten NBG, 1817). Daaronder vielen overigens niet de traditionele hoofdstuk- en versnummering en de perikoopopschriften, die toch ook als toevoegingen aan de brontekst moeten worden beschouwd.

Dit principieel sobere beleid van de bijbelgenootschappen werd steeds minder houdbaar. Doordat de afstand tot de taal en de wereld van de Bijbel groeide, groeide ook de behoefte aan nadere toelichting. In 1978 bood een wijziging van de statuten van het NBG hiervoor ook principieel de ruimte. Artikel 2 zegt: 'Onverlet de verantwoordelijkheid van het algemeen bestuur voor alle uitgaven, zal de vereniging de uitgaven van bijbeltekst slechts van die aantekeningen voorzien, welke voor het verstaan van de tekst door het algemeen bestuur noodzakelijk geacht worden.'

Toch werden de GNB van 1983 en de herziene GNB-editie van 1996 gepubliceerd zonder aantekeningen bij de tekst. Ze waren wel voorzien van korte inleidingen bij het Oude Testament, de deuterocanonieke boeken en het Nieuwe Testament als geheel, en bij de afzonderlijke bijbelboeken. Deze inleidingen gingen vooral over de inhoud en de opbouw van de bijbelboeken. Verder waren er illustraties bij de bijbeltekst, die in 1996 vervielen om plaats te maken voor verduidelijkende kaartjes. En ten slotte enkele bladzijden met extra informatie: een verantwoording van de vertaling, een verklarende woordenlijst, een lijst van aanhalingen uit het Oude Testament in het Nieuwe Testament, een lijst van anders genummerde verzen, een overzicht van maanden, maten en gewichten, een tijdtafel, en 12 kaarten en plattegronden.

Deze twee edities van de GNB werden in 1998 gevolgd door een editie met verklarende aantekeningen. Die waren informatief van aard en bevatten toelichtingen op woorden of uitdrukkingen, verklaringen van de historische betekenis van personen en gebeurtenissen, verwijzingen naar andere bijbelteksten, en soms andere mogelijke vertalingen. Naast de aantekeningen waren er in de tekst hier en daar verduidelijkende kaartjes opgenomen, en achter in de uitgave veel extra informatie in de vorm van lijsten, overzichten en kaarten.

De NBV zou een vergelijkbaar, maar veel korter traject doorlopen. Wel bevatte de eerste editie van 2004 al enkele honderden noten, en daarin verschilt de NBV wezenlijk van de GNB (1983 en 1996). Een NBV-editie met verklarende aantekeningen volgde in 2008. Hieronder wordt beschreven hoe dat in zijn werk is gegaan.

Richtlijnen

Met het oog op interconfessionele vertaalprojecten hebben het Secretariaat voor de Bevordering van de Christelijke Eenheid en de Wereldbond van Bijbelgenootschappen (United Bible Societies) in 1968 richtlijnen gepubliceerd onder de titel *Guiding Principles for Interconfessional Cooperation in Translating the Bible.* In 1987 verscheen hiervan een herziene versie onder de titel *Guidelines for Interconfessional Cooperation in Translating the Bible.*

Deze *Guidelines* gingen onder andere over de aanbevolen werkwijze, over de te gebruiken edities van de brontekst, de behandeling van de deuterocanonieke of apocriefe boeken, de stijl van de vertaling en de vorm van eigennamen. Ze bevatten ook een afdeling over mogelijke 'Helps for readers': aantekeningen, inleidingen, verwijzingen naar andere bijbelteksten, perikoopopschriften (tussenkopjes) en andere aanvullingen op de bijbeltekst, zoals woordenlijsten, kaarten en illustraties.

Als mogelijke aantekeningen werden genoteerd: alternatieve (tekst)lezingen, alternatieve vertalingen, de uitleg van eigennamen, de uitleg van woordspelingen, het aangeven van historische achtergronden en van culturele verschillen. Dit soort aantekeningen moest volgens de *Guidelines* tijdens het vertaalproces worden gemaakt en opgenomen worden in alle uitgaven van de tekst.[1] Ten slotte volgde nog de aanbeveling om inleidingen bij de afzonderlijke bijbelboeken, verwijzingen naar andere bijbelteksten en perikoopopschriften ('tussenkopjes') op te nemen.

Afspraken NBV

De Nieuwe Bijbelvertaling was een voorbeeld van het soort projecten waarvoor de *Guidelines* waren bedoeld. Bij de voorbereidingen werd dan ook rekening gehouden met het opnemen van aantekeningen bij de vertaling. In de brochure *Een vertaling 2000. Waarom een nieuwe bijbelvertaling?* (BBG, KBS, NBG, VBS, Brussel - Boxtel - Haarlem - Leuven 1990) gaf Dr. E.W. Tuinstra hiervan een aantal voorbeelden. Hij greep terug op de *Guidelines*, maar perkte het aantal categorieën in door het aangeven van historische achtergronden en culturele verschillen weg te laten. Hij voegde er de categorie 'onzekere vertalingen' aan toe. Deze categorie kwam niet voor in de *Vertaalprincipes* voor het project Nieuwe Bijbelvertaling van 1993, maar weer wél in het later samengestelde *Handboek* met vertaalregels en praktische afspraken dat de vertalers gebruikten.

Daarmee was de discussie niet ten einde. Binnen het vertaalteam van de NBV zagen sommigen het liefst helemaal van aantekeningen af: de vertaling moest voor zichzelf kunnen spreken. Anderen wilden er juist meer, om de aandacht te vestigen op zaken die moeilijk in een vertaling te verwerken zijn, zoals woordspelingen en de betekenis van eigennamen, maar ook historische en culturele informatie die niet voor elke lezer makkelijk te vinden zijn.

De begeleidingscommissie van het project wilde liefst zo weinig mogelijk aantekeningen opnemen. Alleen het strikt noodzakelijke kwam voor een aantekening in aanmerking. Deze aantekeningen zouden de vorm krijgen van noten die in elke uitgave van de NBV zouden moeten komen te staan.

De commissie besloot aanvankelijk alleen noten op te nemen over de gevolgde (bron)tekst. Later werd het beleid versoepeld, en werden er drie categorieën noten toegestaan: *tekstkritische* noten, noten die verantwoorde *alternatieve vertalingen* bieden en noten die voor het tekstbegrip onmisbare *naamsverklaringen* bevatten. In uitzonderlijke gevallen mocht in de noten informatie worden opgenomen die niet in de vertaling te vinden was, maar wel noodzakelijk was voor het begrip ervan. De categorie 'onzekere vertalingen' kwam definitief te vervallen. Die viel niet duidelijk af te grenzen en zou kunnen leiden tot een onevenwichtige en ongewenste vloed aan noten.

Praktijk NBV

Net als de eerste editie van de GNB bevatte de in 2004 verschenen standaardeditie van de NBV vooral bijbeltekst. Toch was er ook ander materiaal, grotendeels vergelijkbaar met dat van de GNB:

- hoofdstuk- en versnummers
- perikoopopschriften
- een korte inleiding op de Bijbel als geheel
- inleidingen op de afzonderlijke bijbelboeken
- een korte woordenlijst met daarin onder andere de namen van de maanden,
- maten en gewichten
- een lijst van anders genummerde verzen[2]
- een lijst met aanhalingen uit het Oude Testament in het Nieuwe Testament
- een lijst met parallellen in het Oude en Nieuwe Testament
- een verantwoording bij de vertaling
- een overzicht van medewerkers en betrokkenen
- enkele kaarten

In vergelijking met de GNB-uitgave met aantekeningen van 1998 was dit toegevoegde materiaal over het algemeen beknopter: er waren geen illustraties, de woordenlijst was veel korter, er was geen tijdtafel, en er waren minder kaarten en plattegronden. Er waren nog geen dwarsverwijzingen naar andere bijbelteksten. Die zouden volgen in de licht gecorrigeerde editie van 2007 (zonder deuterocanonieke boeken) en in de *NBV-Studiebijbel* (2008). In de standaardeditie van de NBV waren ook de inleidingen korter, in de katholieke editie juist langer. Later zouden er voor protestants-kerkelijk gebruik ook nog edities zonder inleidingen verschijnen.

Maar er waren in de NBV ook twee opvallende uitbreidingen. Die maken de NBV principieel anders dan de GNB, die immers helemaal zónder aantekeningen verscheen. Het gaat hier om de noten van de eerdergenoemde categorieën en om een *Leeswijzer* voor de Hebreeuwse godsnaam JHWH, die in lijn met de traditie werd weergegeven als (de) 'HEER', gezet in een speciaal lettertype (kleinkapitaal).

Noten NBV

In de standaardeditie van 2004 bevatte de NBV 640 voetnoten (later zijn er nog enkele noten toegevoegd). Dat zijn er niet veel in vergelijking met andere moderne vertalingen. Ongeveer twee derde van de NBV-noten heeft betrekking op de gevolgde brontekst: ze vallen onder de categorie van tekstkritische noten. Daarnaast zijn er noten over afwijkende versnummering, noten met alternatieve vertalingen, naamsverklaringen en uitleg van woordspelingen, en ten slotte enkele noten die buiten de standaardcategorieën vallen.

Tekstkritische noten

Het is met deze noten wat merkwaardig gesteld. Alle betrokkenen waren of werden het wel eens over de noodzaak ervan. Immers: als de vertalers uitgaan van een andere brontekst dan de standaardedities, dan hebben de lezers er recht op dat te weten. En de vertalers zullen het ook willen melden, al was het maar omdat het voor de beoordeling van hun vertaling nodig is te weten op welke brontekst die vertaling gebaseerd is.

Tegelijkertijd kun je je afvragen of dit nu gerangschikt kan worden onder de noemer 'helps for readers'. Voor gewone lezers (de doelgroep dus) is zo'n noot vaak moeilijk te begrijpen. Eigenlijk zou er bij elk van die noten een toelichting moeten worden gegeven, maar dat zou in een standaardeditie veel te veel ruimte in beslag nemen. Ik geef een voorbeeld uit het Oude Testament en een uit het Nieuwe Testament.

In het Oude Testament wordt er soms van de Hebreeuwse bronteksteditie afgeweken als de tekst daarvan heel moeilijk te vertalen is. Soms vind je dan in de oude vertalingen een aanwijzing dat er oorspronkelijk iets anders heeft gestaan. Daarvoor is vooral de Septuaginta, de oudste Griekse bijbelvertaling, belangrijk. De tekst daarvan komt uit de laatste drie eeuwen voor Christus. De Hebreeuwse tekstvorm die wij gebruiken is aanzienlijk later, wat overigens niet wil zeggen dat hij niet betrouwbaar is overgeleverd. Maar soms vind je in de oudste Hebreeuwse handschriften een andere tekstlezing, bijvoorbeeld in een van de handschriften uit Qumran (beter bekend als de Dode Zeerollen). En soms hebben exegeten een tekst gereconstrueerd die aannemelijker is dan wat er in de teksteditie staat. De keuze voor een afwijkende lezing vindt nooit lichtvaardig plaats. Meestal wordt daarbij de mening gevolgd van de geleerden die hebben samengewerkt in het *Hebrew Old Testament Text Project* (HOTTP) van de United Bible Societies.

Een interessante noot is die bij Genesis 4:8. De tekst van de vertaling luidt: 'Kaïn zei tegen zijn broer Abel: "Laten we het veld in gaan." Toen ze daar waren ...'. De woorden 'Laten we het veld in gaan' staan niet in de hoofdtekst van de bronteksteditie, die we aanduiden als MT: de masoretische tekst. Er ontbreekt duidelijk een schakeltje in het verhaal. Op de Hebreeuwse woorden voor 'hij zei tegen zijn broer Abel' volgt onmiddellijk 'toen ze in het veld waren'. Dat geeft aanleiding om te denken dat er een paar woorden zijn weggevallen. Op grond van de oudste vertalingen (waaronder de Septuaginta) mag je vermoeden dat hier iets heeft gestaan als *nelecha ha-sadè*, 'Laten we het veld in gaan'. De vertalers hebben, met veel andere moderne vertalingen, besloten dit in de vertaling op te nemen, al blijft het onzeker of het de oorspronkelijke tekstversie is. Dat leverde de volgende noot op:

> *Kaïn zei tegen zijn broer Abel: 'Laten we het veld in gaan.'* – Volgens de oudste vertalingen. MT: 'Kaïn zei tegen zijn broer Abel.'

In het Nieuwe Testament hebben tekstkritische noten vaak te maken met afwijkingen van de *textus receptus*, de traditionele tekst van het Nieuwe Testament zoals die in het begin van de zestiende eeuw door Erasmus werd uitgegeven. Die vormde sinds de Reformatie de basis voor de vertalingen van het Nieuwe Testament. De nieuwste vertalingen gaan over het algemeen terug op moderne wetenschappelijke edities. En die zijn op hun beurt gebaseerd op meer en betere handschriften dan de edities van Erasmus. De belangrijkste verschillen worden in voetnoten vermeld. Dat gaat soms over heel bekende verzen, bijvoorbeeld het door protestanten altijd gebruikte slot van het Onzevader in de versie van Matteüs. Dit ontbreekt in de oudste en belangrijkste handschriften, en dus staat het ook niet in de hoofdtekst van de moderne tekstedities en van de NBV. Maar het is wel te vinden in een noot bij Matteüs 6:13:

> *van het kwaad* – Andere handschriften lezen: 'van het kwaad. Want aan u behoort het koningschap, de macht en de majesteit tot in eeuwigheid. Amen.'

Lezers die aan dit slot gewend zijn, hebben bij zo'n noot belang. Want ze weten dan dat dit bekende stuk tekst niet door de vertalers over het hoofd is gezien, ook al zullen ze de achtergrond misschien niet precies begrijpen. Dat geldt ook voor noten over ontbrekende verzen, of voor teksten die om traditionele redenen wel in de hoofdtekst staan, maar waarbij ook een andere keuze mogelijk was geweest, zoals bijvoorbeeld in het verhaal van de vrouw die op overspel wordt betrapt (Johannes 7:53-8:11) of het slot van Marcus (Marcus 15:9-20).

Alternatieve vertalingen

Zo'n vijftig keer begint een noot bij de NBV-vertaling van een bijbeltekst met de woorden: 'Ook mogelijk is de vertaling'. Is dat niet veel te weinig? Ja en nee. Ja, omdat er altijd wel een andere mogelijke vertaling is. Nee, omdat je erop moet kunnen vertrouwen dat de vertaling die je leest, verantwoord is. Alleen in gevallen waarin een tekst écht iets heel anders kan betekenen of waarin er een heel belangrijke afwijkende vertaaltraditie bestaat, komt het alternatief in een noot terecht. Lezers hebben recht op dit soort informatie, al was het alleen maar omdat ze wellicht het alternatief uit hun eigen geloofstraditie kennen.

De NBV-noten bij de eerste verzen van Genesis zijn daarvan een goed voorbeeld. Over de tekst en de uitleg van deze verzen wordt al vele eeuwen gediscussieerd. Dat heeft te maken met zowel grammaticale als inhoudelijke problemen. Zo ligt bijvoorbeeld de betekenis van de Hebreeuwse woorden *roeach 'èlohiem* niet vast. *Roeach* kan behalve 'geest' ook 'adem' of 'wind' betekenen. En *'èlohiem* betekent vaak God, maar het kan soms ook de betekenis van een overtreffende trap hebben en bijvoorbeeld vertaald worden als 'geweldig' of 'hevig'. Dat heeft geleid tot de volgende noot bij Genesis 1:2:

> *Gods geest zweefde over het water* – Gods geest, of: 'Gods adem'.
> Ook mogelijk is de vertaling: 'een hevige wind joeg het water op'.

De lezers van de vertaling hebben er recht op te weten dat de gegeven vertaling niet vanzelfsprekend is. Dat zullen ze ook zien als ze andere vertalingen raadplegen, zoals de GNB, die hier kiest voor 'De wind van God joeg over het water' of de Tora-vertaling van Dasberg (1970), die hier 'Gods adem' heeft.

De mogelijke vertalingen van Genesis 1:2 verschillen ingrijpend van elkaar. Hetzelfde geldt voor de alternatieven die gegeven worden in de noot bij Titus 2:13. Er is onzekerheid over de interpretatie van de Griekse tekst, en dat hccft in dit gcval thcologischc implicatics. Dc NBV-tckst luidt daar: '[...] dc verschijning van de majesteit van de grote God en van onze redder Jezus Christus'. Hier gaat het over God én over Jezus Christus. De noot geeft een alternatief waarin het alleen over Jezus Christus gaat, die ook zelf God wordt genoemd:

> *van de grote God en van onze redder Jezus Christus* –
> Ook mogelijk is de vertaling: 'van onze grote God en redder Jezus Christus'.

Niet alle gevallen van noten met alternatieve vertalingen zijn even ingrijpend, maar het gaat altijd wel om heel verschillende mogelijke betekenissen van de brontekst.

Woordspelingen en naamsverklaringen

Woordspelingen zijn erg moeilijk in vertaling over te brengen. Maar soms is de vertaling niet goed te begrijpen als je niet weet dat er in de oorspronkelijke tekst met woorden of klanken wordt gespeeld. Dit gebeurt vaak bij de namen die personen of plaatsen krijgen. Ook is soms de vertaling van een naam onmisbaar voor het juiste begrip van de tekst. Dat komt in de hele Bijbel voor, maar vooral in het Oude Testament en daarbinnen weer vooral in het boek Genesis. In zulke gevallen zijn er in de NBV noten opgenomen. Twee voorbeelden van bekende teksten uit Genesis, en een uit Matteüs:

> (Genesis 11:9) *[Zo komt het dat die stad] Babel heet, want daar bracht de* HEER *verwarring* – In het Hebreeuws is er een woordspel tussen de naam Babel en het werkwoord *balal*, 'verwarring brengen'.

> (Genesis 28:19) *Betel* – Betel kan worden vertaald als 'huis van God'.

> (Matteüs 16:18) *jij bent Petrus, de rots waarop ik mijn kerk zal bouwen* – In het Grieks is er een woordspel tussen het woord *petra*, 'steen' of 'rotsblok', en de naam Petrus.

Informatieve noten

Enkele noten in de NBV vallen niet direct binnen de eerdergenoemde categorieën. Ze bevatten informatie die niet in de vertaling te vinden is, maar die zo wezenlijk is dat de begeleidingscommissie ze toch wilde opnemen, al voldeden ze niet aan dezelfde criteria als de andere noten. Ze gaan onder andere over de weergave van de Hebreeuwse godsnaam JHWH en over de voor Jezus gebruikte titel 'messias' (zie o.a. Matteüs 2:4). Ik beperk me tot de aantekening bij de tekst van Exodus 3:14-15 over de naam JHWH:

> *De* HEER – De naam HEER is een weergave van de godsnaam JHWH, die hier opgevat wordt als een vorm van het werkwoord *haja*, 'zijn' ('Hij zal er zijn').

Deze aantekening is in verschillende opzichten bijzonder. In eerdere vertalingen vind je de weergave HEER (al dan niet in kleinkapitaal en al dan niet gespeld als He[e]re) zonder nadere verklaring in de vertaling van Exodus 3:15. De lezers van de tekst worden in het duister gelaten over de overgang van de aanduiding 'Ik ben' of 'Ik zal er zijn' in vers 14 naar 'Heer' in vers 15. De noot bij de NBV-tekst van 3:14-15 geeft daarover althans enige informatie, door verband te leggen tussen 'Heer', de naam JHWH en het werkwoord zijn.

Dat is natuurlijk niet genoeg. Het vertelt je niet waaróm er voor de weergave HEER is gekozen. Je komt er niet mee aan de weet dat HEER via het Latijnse *Dominus* en het Griekse *kurios* teruggaat op het Hebreeuwse *Adonai.* Of dat het een keuze is voor aansluiting bij een eeuwenlange traditie en continuïteit met de deuterocanonieke boeken en het Nieuwe Testament. Of dat er ook bezwaren kleven aan deze keuze. Daar is meer ruimte voor nodig. Maar de weergave HEER wordt er wel mee beroofd van zijn vanzelfsprekendheid.

Daarop wijst ook een andere, als het ware permanente aantekening die bij het lezen van de hele NBV verondersteld wordt en in alle edities van de NBV te vinden is, meestal voorin, vaak op een los kaartje dat als bladwijzer te gebruiken is, onder de titel *Leeswijzer.*

Leeswijzer

De tekst van deze 'aantekening' luidt:

> 'In de Hebreeuwse tekst van de Bijbel wordt de God van Israël vaak aangeduid als JHWH. Omdat deze naam van oudsher niet uitgesproken wordt, is het gebruik ontstaan in plaats daarvan "Heer" te lezen. In *De Nieuwe Bijbelvertaling* wordt in de lijn van deze traditie de godsnaam JHWH weergegeven met HEER.

Overal waar deze aanduiding voorkomt kan men bijvoorbeeld ook (voor)lezen:
Aanwezige
Eeuwige
Enige
God
He(e)re
Levende
De Naam
Onnoembare .'

Dit is niet de plaats om in te gaan op de lange discussie over de weergave van de naam JHWH (zie daarvoor o.a. de brochure *Weergave van de Godsnaam*, NBV Informatie 13, Haarlem 2001, 2004[5]). Maar het feit dat de NBV zónder deze leeswijzer niet compleet is, relativeert de weergave HEER wel. Het laat zien dat er alternatieven zijn die evengoed gebruikt kunnen worden, en dat andere tradities hun eigen recht hebben. Zoals bijvoorbeeld blijkt uit de onlangs verschenen tweetalige editie *Tanach* (NBG - Sja'ar, Heerenveen - Amsterdam 2007). Daarin vindt men in plaats van 'HEER' de in joodse vertalingen gebruikelijke weergave 'de Eeuwige'.

De discussie hierover heeft ook geleid tot het besluit om voor een andere weergave te kiezen in de *NBV Studiebijbel*, die het resultaat was van een gezamenlijk project van de Katholieke Bijbelstichting en het Nederlands Bijbelgenootschap (Jongbloed, Heerenveen 2008).

NBV+

Tot de doelstellingen van het project Nieuwe Bijbelvertaling hoorde ook het uitbrengen van een editie met uitvoerige aantekeningen. Die zou ruimte gaan bieden voor allerlei informatie die verder kon worden uitgewerkt dan de noten bij de NBV-standaardeditie. Deze editie, de *NBV Studiebijbel*, verscheen in oktober 2008, vier jaar na de publicatie van de vertaling.

Daarvóór was er een heel andere editie met aantekeningen verschenen: de *Jongerenbijbel* (Heerenveen 2006), gericht op een publiek van protestantse jongeren. In deze uitgave ontbraken de deuterocanonieke boeken. De *Jongerenbijbel* werd gepubliceerd in samenwerking met de Evangelische Omroep en was niet alleen bedoeld om te informeren, maar ook om aanwijzingen te geven over het 'toepassen' van de bijbelse teksten in het dagelijks leven. Dat laatste viel juist niet onder de doelstellingen van de *NBV*

Studiebijbel.

De *NBV Studiebijbel* werd gemaakt voor verschillende kerken en geloofsgemeenschappen in het Nederlandse taalgebied, en voor iedereen met een culturele of literaire belangstelling voor de Bijbel. Deze editie van de NBV was vooral bedoeld om te informeren. Om lezers binnen te voeren in de wereld van de Bijbel, als hulpmiddel om dichter tot de betekenis van de bijbeltekst zelf te komen. Om brede en evenwichtige informatie te geven over de hele Bijbel, inclusief de deuterocanonieke boeken.

Een redactieteam van de Katholieke Bijbelstichting en het Nederlands Bijbelgenootschap is verantwoordelijk geweest voor de inhoudelijke ontwikkeling van deze uitgave, waaraan is meegewerkt door ruim zestig wetenschappers van diverse Nederlandse en Belgische universiteiten.

De vele informatie die in de *NBV Studiebijbel* te vinden is, wordt onder andere aangeboden in bekende vormen zoals verwijzingen naar andere bijbelteksten (in de marge van de tekst), inleidingen en aantekeningen, en een uitvoerige woordenlijst. De inleidingen zijn uitvoeriger dan die in de standaardeditie van de NBV. De aantekeningen zijn in tweeën gesplitst: de oorspronkelijke, beknopte NBV-noten staan in een afzonderlijk notenapparaat; de nieuwe en uitvoerige informatieve aantekeningen staan daaronder, duidelijk afgescheiden door een achtergrond in een andere kleur.

Maar naast deze bekende vormen zijn er vier kleurenkaternen met uitgebreid kaartenmateriaal, en met een tijdlijn die gecombineerd is met archeologische informatie in de vorm van illustraties en foto's met toelichting.

Bijzonder zijn verder de 150 'kaderartikelen' over onderwerpen die voor het begrip van de Bijbel belangrijk zijn. Ze gaan onder andere over verschillende benaderingen van de Bijbel, de relatie tussen het Oude en het Nieuwe Testament, de canon en het begrip deuterocanoniek, bijbelse onderwerpen als de decaloog (de 'tien geboden') en het beloofde land, bijbelse feesten, de term messias, opstanding en verzoening. Maar ook over literaire onderwerpen, over bijbelse personages en over dagelijkse zaken uit de wereld van de Bijbel.

Enkele kaderartikelen zijn gewijd aan de namen voor God die in de Bijbel voorkomen. Een daarvan gaat uitsluitend over de naam JHWH, en neemt de plaats in van de leeswijzer uit andere edities van de NBV. Dit kaderartikel biedt onder meer een toelichting op een bijzonder aspect van de *NBV Studiebijbel*, namelijk de manier waarop de specifieke Hebreeuwse naam van de God van Israël is weergegeven: niet met het bekende (en ook omstreden) HEER, maar met de vier letters JHWH. De *NBV Studiebijbel* is niet bedoeld om voor te lezen, maar in het artikel wordt wel uitgelegd hoe je dat zou kunnen doen.

Ten slotte

In de NBV en al eerder in de GNB is het principe de Bijbel uit te geven 'without further note or comment' losgelaten. Van beide verscheen een editie met aantekeningen. Dit betekent een breuk met de praktijk van de nationale bijbelgenootschappen, zoals die in de negentiende eeuw was gegroeid. Het sluit aan bij de toegenomen behoefte aan toelichting op de bijbeltekst. De *Guidelines for Interconfessional Cooperation in Translating the Bible* die de United Bible Societies en het Vaticaan hebben opgesteld, hebben hierbij een belangrijk rol gespeeld.

De NBV verschilt van de GNB doordat ook de NBV-standaardeditie voorzien is van een aantal noten die in alle edities moeten worden opgenomen en een wezenlijk onderdeel vormen van de vertaling. Ze zijn een vorm van verantwoording van de vertaling en dienen de lezers met essentiële informatie over de bijbeltekst. Onder deze noten neemt de *Leeswijzer* met alternatieven voor de weergave van de Hebreeuwse godsnaam JHWH een belangrijke plaats in.

---

1 'Notes [...] created during the translation process to aid the correct understanding of the published text are to be reproduced in all editions of the text' (*Guidelines* p. 8).

2 In GNB en NBV wordt de nummering van de brontekstedities gevolgd, die op bepaalde plaatsen afwijkt van die van oudere uitgaven zoals de Statenvertaling en de NBG-vertaling van 1951.

Literatuur

Guidelines for Interconfessional Cooperation in Translating the Bible, New Revised Edition, Rome, 1987.

J. van Dorp, *Helder en betrouwbaar: de Groot Nieuws Bijbel*, Haarlem: Nederlands Bijbelgenootschap, 1999, vooral pp. 37-46.

P.J. Booij, 'Van vertaalprincipe tot noot: 640 noten in de NBV', in: *Met Andere Woorden* 23/4 (december 2004), 3-11.

Drs. P.J. Booij is als oudtestamenticus werkzaam bij het Nederlands Bijbelgenootschap. Hij was als vertaler en als lid van het coördinatieteam en het eindredactieteam betrokken bij het project De Nieuwe Bijbelvertaling. Ook maakte hij deel uit van het redactieteam van de NBV Studiebijbel.

Prediker / קהלת verbeeld

Lika Tov

Op uitnodiging van de redactie heeft de kunstenares Lika Tov voor deze uitgave zeven eigentijdse verbeeldingen gemaakt bij het bijbelboek Prediker. Deze beelden worden op de volgende bladzijden getoond met de daarbij behorende verzen in Hebreeuwse tekst en Nederlandse vertaling. Deze tekst en vertaling zijn afkomstig uit: *Prediker. Hebreeuwse tekst en Nederlandse vertaling*, Societas Hebraica Amstelodamensis/Nederlands Bijbelgenootschap/Katholieke Bijbelstichting, 2008.

וְזָרַ֥ח הַשֶּׁ֖מֶשׁ וּבָ֣א הַשָּׁ֑מֶשׁ
וְאֶ֨ל־מְקוֹמ֔וֹ
שׁוֹאֵ֛ף זוֹרֵ֥חַ ה֖וּא שָֽׁם׃
הוֹלֵךְ֙ אֶל־דָּר֔וֹם
וְסוֹבֵ֖ב אֶל־צָפ֑וֹן
סוֹבֵ֤ב ׀ סֹבֵב֙ הוֹלֵ֣ךְ הָר֔וּחַ
וְעַל־סְבִיבֹתָ֖יו שָׁ֥ב הָרֽוּחַ׃
כָּל־הַנְּחָלִים֙ הֹלְכִ֣ים אֶל־הַיָּ֔ם
וְהַיָּ֖ם אֵינֶ֣נּוּ מָלֵ֑א
אֶל־מְק֗וֹם שֶׁ֤הַנְּחָלִים֙ הֹֽלְכִ֔ים
שָׁ֛ם הֵ֥ם שָׁבִ֖ים לָלָֽכֶת׃

De zon komt op en de zon gaat onder,
en naar haar plaats
ijlt zij, waar zij opkomt.
Hij gaat naar het zuiden
en draait naar het noorden,
draaiend, draaiend gaat de wind
en op zijn draaien keert de wind weer.
Alle beken gaan naar de zee
maar de zee wordt niet vol;
naar de plaats waar de beken heen gaan
daarheen gaan ze steeds weer.

(1:5-7)

כָּנַסְתִּי לִי גַּם־כֶּסֶף וְזָהָב
וּסְגֻלַּת מְלָכִים וְהַמְּדִינוֹת
עָשִׂיתִי לִי שָׁרִים וְשָׁרוֹת
וְתַעֲנוּגֹת בְּנֵי הָאָדָם שִׁדָּה וְשִׁדּוֹת׃

Ik verzamelde ook zilver, goud,
een koningsvermogen en de districten
ik verschafte mij zangers en zangeressen
    en de geneugten der mensen: vrouw en vrouwen

(2:8)

לַכֹּ֖ל זְמָ֑ן
וְעֵ֥ת לְכָל־חֵ֖פֶץ תַּ֥חַת הַשָּׁמָֽיִם׃ ס
עֵ֥ת לָלֶ֖דֶת וְעֵ֣ת לָמ֑וּת
עֵ֣ת לָטַ֔עַת
וְעֵ֖ת לַעֲק֥וֹר נָטֽוּעַ׃

Voor alles is een bepaalde tijd
en een tijd voor elke aangelegenheid onder de hemel:
een tijd voor baren en een tijd voor sterven
een tijd voor planten
en een tijd voor ontwortelen van wat geplant is.

(3:1-2)

וְשַׁ֣בְתִּֽי אֲנִ֗י וָאֶרְאֶה֙ אֶת־כָּל־הָ֣עֲשֻׁקִ֔ים
אֲשֶׁ֥ר נַעֲשִׂ֖ים תַּ֣חַת הַשָּׁ֑מֶשׁ
וְהִנֵּ֣ה ׀ דִּמְעַ֣ת הָעֲשֻׁקִ֗ים וְאֵ֤ין לָהֶם֙ מְנַחֵ֔ם
וּמִיַּ֤ד עֹֽשְׁקֵיהֶם֙ כֹּ֔חַ
וְאֵ֥ין לָהֶ֖ם מְנַחֵֽם׃

En weer zag ik alle verdrukking
die aangericht wordt onder de zon,
en zie: de tranen van de verdrukten – en voor hen was er geen trooster –
En kracht uit de hand van wie hen verdrukten
– en voor hen was er geen trooster.

(4:1)

טוֹבִ֥ים הַשְּׁנַ֖יִם מִן־הָאֶחָ֑ד
אֲשֶׁ֧ר יֵשׁ־לָהֶ֛ם שָׂכָ֥ר ט֖וֹב בַּעֲמָלָֽם׃
כִּ֣י אִם־יִפֹּ֔לוּ
הָאֶחָ֖ד יָקִ֣ים אֶת־חֲבֵר֑וֹ
וְאִ֣יל֗וֹ הָֽאֶחָד֙ שֶׁיִּפּ֔וֹל
וְאֵ֥ין שֵׁנִ֖י לַהֲקִימֽוֹ׃

Beter twee dan één
omdat ze een goed loon hebben bij hun gezwoeg,
want als zij vallen
helpt de één zijn metgezel opstaan;
als de eenling valt,
dan is er geen tweede om die te doen opstaan.

(4:9-10)

גַּ֣ם כָּל־הָאָדָ֡ם אֲשֶׁ֣ר נָֽתַן־ל֣וֹ הָאֱלֹהִים֩ עֹ֨שֶׁר וּנְכָסִ֜ים
וְהִשְׁלִיט֨וֹ לֶאֱכֹ֤ל מִמֶּ֙נּוּ֙ וְלָשֵׂ֣את אֶת־חֶלְק֔וֹ
וְלִשְׂמֹ֖חַ בַּעֲמָל֑וֹ
זֹ֕ה מַתַּ֥ת אֱלֹהִ֖ים הִֽיא׃

Ook ieder mens aan wie God rijkdom en goederen geeft
– en hem vergunt ervan te eten en zijn deel ervan te nemen
en zich te verheugen bij zijn gezwoeg:
dát is een gave van God.

(5:18)

וְיֹתֵ֥ר מֵהֵ֖מָּה בְּנִ֣י הִזָּהֵ֑ר
עֲשׂ֨וֹת סְפָרִ֤ים הַרְבֵּה֙ אֵ֣ין קֵ֔ץ
וְלַ֥הַג הַרְבֵּ֖ה יְגִעַ֥ת בָּשָֽׂר׃

En meer dan dat – mijn zoon, wees gewaarschuwd –
aan het maken van vele boeken is geen einde
en veel overwegen vermoeit het lichaam.

(12:12)

Lika Tov is geboren in Amsterdam en woont sinds 1963 in Jeruzalem. Zij volgde een opleiding toegepaste grafiek aan de Rietveld Academie in Amsterdam. Zij illustreerde tal van boeken. Bekend zijn vooral de kinderbijbel *Op weg* van Baukje Offringa (uitgeverij Meinema) en het *Bijzonder Bijbels Beestenboek* van Klaas Smelik (uitgeverij Ten Have).

Lika Tov ontwikkelde nieuwe grafische technieken om haar prenten te drukken. De collagrafie-techniek (als ets gedrukte collage) is te zien in de NBG-uitgaven *Tehiliem* (Psalmen), *Mijn Lief* (Hooglied) en *De weg die leven heet*. De monotype techniek is gebruikt in *Ken mijn Hart*, Psalm 139 (Uitgeverij NBG). Thema's in Lika Tov's werk zijn: taferelen uit het oude en nieuwe Israël, Joodse tradities, Dode Zeerollen en dieren.

Lika Tov heeft haar werk geëxposeerd in Nederland, Israël, Duitsland, België, Canada, Japan en de Verenigde Staten. Ze is getrouwd met de bijbelgeleerde Emanuel Tov en heeft drie kinderen.

Historisch overzicht van bijbelvertalingen in het Nederlands van de middeleeuwen tot heden

Hieronder volgt een overzicht van de Nederlandstalige bijbelvertalingen die zijn verschenen sinds de middeleeuwen. Het overzicht is niet uitputtend, maar toont de vertalingen die in deze bundel ter sprake komen, dan wel een prominente rol hebben gespeeld in de geschiedenis van de Nederlandse bijbelvertaling.

Voor een korte toelichting bij onderstaande vertalingen kan men, naast de bijdragen in deze bundel, tevens informatie vinden op de website www.RondomDeBijbel.nl van het Nederlands Bijbelgenootschap (onder: 'Bronteksten en vertalingen'), of op www.bijbel.net (onder kbs/bijbelinfo). Voor het online raadplegen van diverse Nederlandse vertalingen kan men naar www.biblija.net.

Uitgebreide informatie en achtergronden zijn te vinden in: A.W.G. Jaakke en E.W. Tuinstra (red.), *Om een verstaanbare bijbel. Nederlandse bijbelvertalingen na de Statenbijbel,* Haarlem/Brussel, 1990.

1271	Rijmbijbel van Jacob van Maerlant (bijbelse geschiedenis in rijmvorm)
ca. 1320	Evangeliënharmonie van St. Truiden (vier evangeliën in één; ook wel: 'Luikse diatessaron', ' Sint-Truidense Leven van Jezus')
1361	Historiebijbel ('Zuidnederlandse Historiebijbel van 1361') (door de kartuizermonnik Petrus Naghel, in Herne, Vlaams Brabant)

ca. 1400	Bijbelvertaling van Johan Schutken (leerling van Geert Groote) (Psalmen, gedeelten van het Oude Testament, Nieuwe Testament)
1477	Delftse Bijbel (Oude Testament, zonder Psalmen)
1478	Keulse Bijbel (met inleidingen en aantekeningen)
1523	Vertaling Nieuwe Testament uitgegeven bij Doen Pieterszoon in Amsterdam en bij Adriaen van Berghen in Antwerpen (Nieuwe Testament, gebaseerd op de bijbelvertaling van Luther)
1526	Vertaling door Jacob van Liesvelt (Het Nieuwe Testament is geheel vertaald uit Luther, voor het Oude Testament werd gebruik gemaakt van de Vulgata en andere vertalingen)
1528	Vorstermanbijbel (uitgave gebaseerd op de vertaling door Liesvelt)
1535/1542	Liesveltbijbel (diverse edities)
1548	Leuvense Bijbel (vertaling door Nicolaas van Winghe)
1599	Moerentorfbijbel (licht gewijzigde uitgave Leuvense Bijbel, genoemd naar de drukker Jan Moerentorf)
1560	Biestkensbijbel (genoemd naar de drukker Nicolaas Biestkens)
1562	Deux-Aesbijbel (uitgegeven in Emden, Duitsland; Oude Testament gebaseerd op Luthers vertaling, Nieuwe Testament op de Griekse brontekst)
1637	Statenvertaling
1648	Lutherse vertaling (A. Visscher e.a.)
1717	Vertaling Nieuwe Testament door Philippus Laurentius Verhulst
1744-1780	Vertaling van Willem Smits en Peter van Hove (grote delen van het Oude Testament, met inleidingen en aantekeningen)

1860-1896	Vertaling van Jan Theodoor Beelen e.a. (Nieuwe Testament en delen van het Oude Testament)
1904	Professorenbijbel (zevendelige uitgave van seminarieprofessoren uit het bisdom Utrecht)
1912	Leidse Vertaling (onder leiding van Prof. A. Kuenen) (Oude Testament gereed in 1901)
1943	Friese Vertaling (G.A. Wumkes)
1948	Canisiusvertaling (ook wel: Petrus Canisiusbijbel) (1906 Evangeliën en Handelingen, 1929 Nieuwe Testament, 1939 Oude Testament)
1951	De Nieuwe Vertaling (ook wel: NBG-vertaling 1951) (Nieuwe Testament gereed in 1939)
1970-1971	Vertaling I. Dasberg (Tora met de Haftarot)
1974-2008	Een vertaling om voor te lezen: Ruth, Jona, Richteren, Amos, Obadja, Micha, Hooglied, Genesis, Prediker (Societas Hebraica Amstelodamensis)
1975	Willibrordvertaling (met inleidingen en aantekeningen) (1961 Nieuwe Testament; 1966-1974 Oude Testament; 1972 Psalmen)
1978	Willibrordvertaling (lichte revisie van de Willibrordvertaling 1975)
1978	(Nieuwe) Friese vertaling
1983	Groot Nieuws Bijbel (1972 Nieuwe Testament, uitgegeven als Groot Nieuws voor U)
1995	Willibrordvertaling 1995 (geheel herziene editie) (1987 uitgave Evangeliën en Handelingen; 1992 Nieuwe Testament)
1996	Groot Nieuws Bijbel (geheel herziene editie)

1998	Groot Nieuws Bijbel met aantekeningen
1999	Vertaling van Genesis (H. Oosterhuis en A. van Heusden), gevolgd door Exodus (2001), Numeri (2004) en Lucas (2007)
2004	De Nieuwe Bijbelvertaling (NBV)
2004	Naardense Bijbel (vertaling Pieter Oussoren) (aangevuld in 2008 met deuterocanonieke boeken en pseudepigrafische teksten)
2006	Vertaling Albert Koster (Oude Testament, in 12 delen van 1991-2006)
2007	Tanach (tweetalige uitgave Hebreeuws-Nederlands, NBV)
2007	Twentse vertaling ('Biebel in de Twentse Sproake', Prof. A. van der Meiden) (1996 Evangeliën en Handelingen)
2008	Groningse vertaling ('Biebel in 't Grunnegers')
2008	NBV Studiebijbel